サステナビリティ・ブランディング

選ばれ続ける企業価値のつくりかた

株式会社バイウィル 代表取締役COO
伊佐陽介

ダイヤモンド社

はじめに

スペックが同じでも、売れ行きに差がつく理由

本書のタイトルである「サステナビリティ・ブランディング」と聞いて、どのようなイメージを抱くでしょうか？

サステナビリティと聞くと、「ＳＤＧｓ」や「環境の持続可能性」を連想し、自分の仕事と直接的なつながりを感じられない人もいるかもしれません。同様にブランディングについても、イメージづくりが必要な商品は扱っていないという理由から、自社とは無縁の話のように感じる人もいるでしょう。

しかし、本当にそうでしょうか。

本題に入る前に、少し長くなりますが、私自身とブランディングに対する基本的な考え方について紹介させてください。

私は長年、ブランドを軸とした経営コンサルティングを行ってきました。この領域に足

を踏み入れたきっかけは、「世の中には、機能・性能にほとんど差がないにもかかわらず、売れるものと売れないものがある。さらには高くても売れ続けるものと、安くしても売れないものがある。それはなぜか？」というたってシンプルな疑問からでした。それは、新卒で入社した総合不動産デベロッパーで、ファミリーマンションの企画・販売を担当しているときの大きな悩みでもありました。

当時、私が販売を担当していた物件の競合に、立地条件や共用部、内装の仕様レベルなどがほぼ同じなのにもかかわらず、むしろ価格帯の高い物件がありました。販売担当としては価格で有利な分、「先に完売させてやる」と意気込んで臨みましたが、私の担当物件は、週末でも見学希望者が少ないという残念な状況が続きました。一方、競合物件は予約がいっぱいで、モデルルームに入れないくらい見学者が殺到しているのです。

私は考え得る限りの情報を集めて原因を探りましたが、そこまで集客差が出るような違いを見出せませんでした。ついには、お客様のふりをして競合相手のモデルルームの見学まで敢行しましたが、解明の糸口すら見つかりません。

その疑問は、たまたま競合物件の見学の後に私の担当物件を見学されたお客様のひと言で解消されました。「こちらの物件の前に○○（競合物件の名称）のモデルルームに行かれたのはなぜですか?」と聞いてみると、「え、だって○○のほうが、何となく聞き覚えのあるマンション名で印象がよかったから」という返事だったのです。

最終的にそのお客様は私の担当物件を購入してくださったのですが、何度かお話を重ねる中で、競合物件に対する印象や評価が実際のスペック以上にとても高く、驚いたことを覚えています。

それこそが「ブランド」の差だと気づいたのです。

その後、ブランドコンサルティング専門のコンサルタント職に転職した私は、前述の「機能・性能差がないのに売れ続けるものは何が違うのか」という疑問への答えを求め、学べば学ぶほど、知れば知るほど、その奥深さにハマっていきました。

そして、企業は、売れ続けるために、どのようにステークホルダーと向き合い、どのような投資判断をすべきかを考え続けるうちに、気づけば約15年が経っていました。

これまで100社以上のブランディングに携わらせていただいた中で、自分なりに得たアンサーは次の3点に集約されます。

①ブランディングとは、経営そのものである
②ブランディングには、一貫性と継続性が必要である
③その結果として、ブランディングへの投資は、本質的な競争優位と企業価値を高めることができる

冒頭で、私は自分の肩書きを「ブランドを軸とした経営コンサルティング」と述べましたが、それにはこうした私の経験や想いが込められています。

裏を返せば、世の中の経営者やビジネスパーソンには、ブランドを経営の重要な軸と捉えている人がまだまだ少ないのが現状です。

「正しいブランド戦略さえ描けば勝てる」の勘違い

ブランドコンサルタントとして駆け出しの頃の私は、正しいブランド戦略さえ描けば自ずとブランド力は上がり、業績は向上していくものだと考えていました。そして、ブランド力の向上が業績向上や企業の成長とはリンクしないと考えている経営者に、そうでない

ことを証明してみせると息巻いていました。

振り返ると何と浅はかな……と恥じ入るばかりですが、だからこそ私は徹底したマーケティングリサーチをもとに、ターゲットを明確に描き、マーケット内で立つべきブランドポジションを突き詰め、魅力的なブランド価値を論理的・構造論的に規定し、その結果、どのような業績の向上が予測されるかを数字で示すことに取り組んできました。

具体的な方法論については本文で詳述しますが、こうした経験が私のブランディングに対する考え方やブランドコンサルティングをするうえでの基礎となっていることは間違いありません。ほかのブランドコンサルタントやブランドコンサルティング会社で、クライアントの財務諸表を読み込んで成長戦略の仮説を立てたり、経営におけるブランドの役割を定義したりすることを標準業務として組み込んでいるところを寡聞にして知りませんが、私は必ずそうしてきました。そのことがありがたくも、現在、多くのクライアントから相談・依頼してもらえる理由にもなっていると自負しています。

ただし、いくら正しい戦略を描いても、それを組織の仕組みに落とし込み、現場で運用していくには、さまざまな困難が伴います。以前の私はそのことに気づいていませんでした。

こうしたことを自覚したのは独立起業を考えていたタイミングでした。過去に支援した複数のクライアントと対面する機会が立て続けにあり、当然、取り組んだプロジェクトの行方が話題に上るわけです。そこでじつに半数近くのクライアントから聞かされたのは「あのプロジェクト、しばらくして会社の方針転換によってストップしてしまいました。申し訳ない」というものでした。当時、私がプロジェクトから離れるときには、「伊佐さんのおかげで未来に希望が持てました」など前向きな言葉をかけていただいたのにもかかわらずです。

詳しくお話を聞いてみると、頓挫したクライアントの多くは、「体制変更」「セクショナリズム」「社員の無理解や共感不足」「スキルや経験不足」などによって一貫・継続したブランディングができなくなってしまったというのです。

正しい戦略だけではブランディングを経営の軸として機能させ、業績向上につなげることはできない。戦略を実現できる強い組織があって初めて実現可能になることを、この出来事から学ばされました。

つまり、「機能・性能差がないのに売れ続けるものは何が違うのか」という問いに対するアンサーとして、先ほど挙げた3つに、さらに以下の3つを加える必要があります。

図表0-1　ブランディングのセオリー

下記は当社がブランディングを支援する際の、根本的な考え方です。
ブランディングの課題は、下記の構造における「パーツ不足」や
「接続不良」にあることがほとんどです。

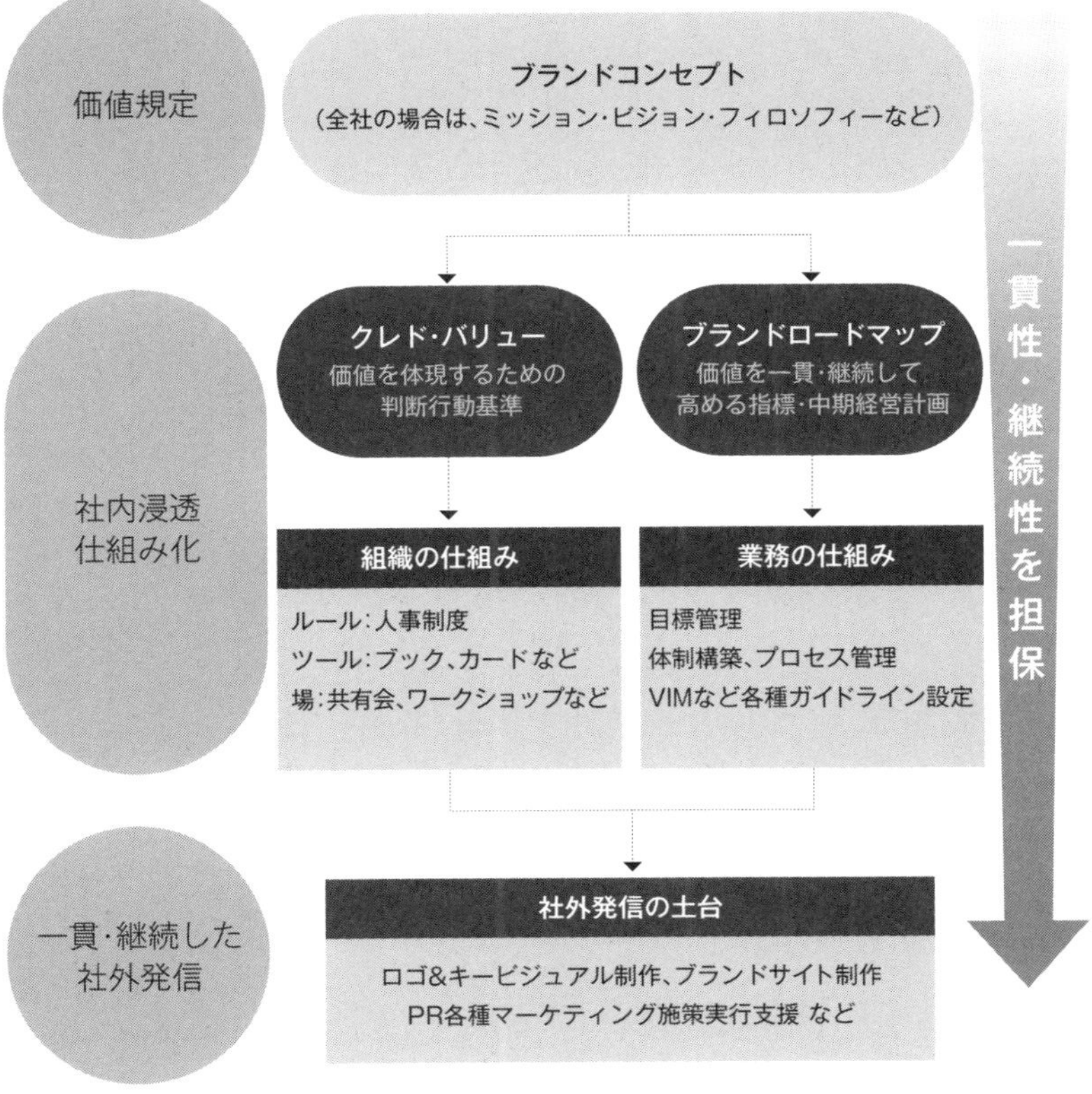

①ブランディングには「正しい戦略」が必要であり、企業の成長戦略の中に「ブランドの役割」を位置づけなくてはならない
②「ブランディングへの投資」と「企業の成長」を明確に接続する必要がある
③一貫・継続したブランディングには、それを可能にする組織づくりが必須である

こうした思いが、ブランドコンサルタントとしての私の根底にあります。

本書の主題であるサステナビリティ・ブランディングについても、この部分は非常に重要になる共通の考え方なので、読み進めるうえで念頭に置いていただきたいと思います。

企業の生き残りに欠かせない最良の一手

さて、本書の主題である「サステナビリティ・ブランディング」に話を戻します。

当社では、曖昧模糊としたブランディングを少しでも身近に感じていただけるよう、無料のウェビナーを開催しています。近年はたびたび「サステナビリティ・ブランディング」をテーマにしているのですが、ともすると参加者から「ＣＳＲに近い内容だった」「ＳＤ

Ｇｓに関する事例が聞けると思っていたがパーパス・ブランディングだった」といった感想が寄せられることがあります。

しかし、本書で提唱するサステナビリティ・ブランディングはこうした理解とはまったく異なるものです。

サステナビリティ・ブランディングは企業経営そのものであり、短期的にも長期的にも収益を増加させるだけでなく、あらゆるステークホルダーに働きかけ、企業価値向上を実現する、これまでにないまったく新しいブランディング手法です。

詳しくは本文に譲りますが、「ソーシャルグッド」を起点に不毛な価格競争を抜け出して競争優位性を築き、収益を上げ、あらゆるステークホルダーに選ばれ続ける状況を作り出すものです。ソーシャルグッド、すなわち社会に好影響をもたらす取り組みを起点にすることで、ＳＤＧｓやＥＳＧ、パーパス経営、サステナビリティ経営、あるいはマーケティング戦略のすべてを結びつけることが可能になるのです。

また、これまでブランディングの効果が限定的であると考えられてきたBtoBビジネスにおいても高い効果を発揮します。

サステナビリティ・ブランディングは、経営戦略に組み入れて全社的に取り組むべきものですが、みなさんが思うほど実現のハードルは高いものではありません。

本書では、こうしたサステナビリティ・ブランディングの基本的な考え方について詳述するとともに、実施したことで得られる効果を数値化して目標管理や評価制度に落とし込み、中長期の経営戦略と接続していくための手法についても紹介しています。

「サステナブルなことをしても利益を生まない」
「ブランディングは多大な費用と時間がかかる割に、業績への貢献度がわかりにくい」
「BtoCならともかく、BtoB領域にはブランディングは不要」

こうした〝定説〟が、少なくとも今の時代には当てはまらないことを、本書を読めばご理解いただけると思います。

そして、このことにいち早く気づき、自社の固有資産であるブランド力を活用できた企業こそが、各業界の先頭集団となると確信しています。

あらゆる企業が「サステナビリティ＝脱炭素」「ブランド戦略＝イメージ戦略」などの思考停止状態を抜け出し、100年先まで「選ばれ続ける存在」になることを願っています。

株式会社バイウィル　代表取締役ＣＯＯ　伊佐陽介

目次

はじめに　3

序章　経営戦略としてのサステナビリティ&ブランディング

経営への取り入れ方が課題　26
サステナビリティ、ブランディングを再定義する　28

1章　ソーシャルグッドな取り組みこそが儲けにつながる時代

大炎上にもかかわらず、時価総額過去最高を更新した「NIKE」　34
サステナビリティ=脱炭素ではない　37
サステナビリティの欠如はブランド価値を毀損する　39
マス広告なしでブランドを確立した「とらや」　40
BtoBでもブランディングの重要性を示す「Sansan」　43

共感され、ファンを生む企業におけるブランディングの共通点　44
儲かるソーシャルグッド、儲からないＳＤＧｓ　46
ＳＤＧｓを前面に打ち出しても成功している「ＴＲＩＷＡ」　49

2章　サステナビリティ・ブランディングとは？

ブランド&ブランディングとは何か　54
ブランド戦略なしでは生き残れない時代　57
価格競争から抜け出すカギとなる「想起集合」　58
刈り取り型マーケティングの限界　60
ＢtoＢビジネスでもブランディングが重要　62
サステナビリティを構成する３つの価値　65
幅広いファンを獲得するサステナビリティ・ブランディング　67
パーパスとサステナビリティ・ブランディング　69
推進に不可欠な社内の共通認識　76
共通認識①　ブランド関連　78

◆ブランドとブランディング　79
◆アウターブランディングとインナーブランディング　80
◆CI・VIとブランディング　81
共通認識②　サステナビリティ関連　83
◆サステナビリティ経営とサステナビリティ・ブランディング　83
◆サステナビリティ、ESG、SDGs　84
◆ソーシャルグッドとサステナビリティ、ESG、SDGs　86
共通認識③　経営関連の用語　88
◆パーパス、ミッション、ビジョン、バリュー　88
◆パーパスとミッションおよび経営理念との違い　90
◆パーパスとビジョンの違い　92
◆サステナビリティ・ブランディングとパーパス・ブランディングなどとの違い　93
顧客にとってのソーシャルグッドを突き詰める　94
サステナビリティ・ブランディングでは、「顧客」と「社員」は一体　96
一貫したストーリーが選ばれるカギ　98

3章　ブランド力を毀損する7つの過ち

陥りやすい7つの誤ったブランド戦略　102
▼第一の過ち　売上・利益至上主義　104
顧客獲得のための新製品の乱発がブランド価値を損なう　104
不得意分野への参入で成功を収めた「メルセデス・ベンツ」　106
▼第二の過ち　自社のブランド価値を高めることへのあきらめ　109
短い寿命の新商品を乱発する前に、自社の「当たり前」を見つめ直す　109
価格競争で失っていた自分たちの強みを、原点回帰で取り戻した「湖池屋」　110
「おもしろ蛇口」でブランディングに成功した中小企業「カクダイ」　112
▼第三の過ち「よいものを作ればブランドは育つ」という信念　114
ブランディングで製品の優秀さを浸透させたブレーキメーカー「ブレンボ」　115
自社にとっての「よいもの」を突き詰めた「アイリスオーヤマ」　117
▼第四の過ち「ブランディングは魔法の杖」という勘違い　120
「ブランディングをすればどんなものでも売れる」は間違っている　120

中途半端なポジショニングでは勝てない　121
自分たちの強みを時代に応じて微調整してきた「吉野家」　123
▼第五の過ち　一貫性のない意志なき経営　124
トップがいかに腹をくくれるかがブランディングの成否を左右する　124
組織体制やＭＢＯにメスを入れるのはトップにしかできない　126
▼第六の過ち　「ブランディング＝広告宣伝／イメージ広告」という思い込み　128
「ブランディング＝広告宣伝」ではない　128
「ブランディング＝イメージ広告」ではない　130
▼第七の過ち　「ブランディングは特定部署の業務」という誤認　132
ブランディングが他人事になってしまう理由　133
組織横断的な試みでサステナビリティＣＭを制作した「サントリー」　135

4章　サステナビリティ・ブランディングの成功法則

サステナビリティな取り組みで成功してきた100年企業の共通点　140
①自分たちの強みを客観的に捉えている　141

②ブランド戦略を経営戦略の一環として組み込んでいる 142
③経営者が組織のカルチャーと本気で向き合っている 143
▼成功法則① ブランドターゲットが明確に設定されている 146
「ブランドターゲットを絞り込む＝顧客が減る」ではない 146
サステナブルな視点がブランドを守る基準に 150
▼成功法則② コアコンピテンシーに紐づいたブランドコンセプトになっている 151
ブランドを構成する４つの要素 151
強いブランドを作るコアコンピテンシー 155
▼成功法則③ ブランドと事業戦略が統合され、一貫性と継続性が担保されている 159
事業戦略にブランド戦略を組み込む 159
▼成功法則④ 「ソーシャルグッド」がブランドと企業経営に接続されている 162
顧客に共感されるソーシャルグッド、３つのタイプ 163
タイプ１ ＳＤＧｓに代表される「社会課題」を身近な形にブレークダウンして発信している 163
タイプ２ ビジネスのすべてのプロセスにソーシャルグッドが反映されている 164
タイプ３ 扱っている製品やサービスが、ソーシャルグッドを「体感」できる 165

▼成功法則⑤　明確なゴールがある　166
ゴールがなければ目標管理に落とし込めない　166
「〝あったらいいな〟をカタチにする」を数値化している「小林製薬」　168
▼成功法則⑥　ブランドコンセプトとカルチャーが適合している　170
ブランドの限界を決めるカルチャー　170
99％を動かす1％のドライバー　172
▼成功法則⑦　ずれがあれば、ブランドコンセプトではなくカルチャーを変革する　174
カルチャーをクレドとして見える化する　174
カルチャーは生き物　178
経営者が見本となれるか　180
▼成功法則⑧　ブランドを社内に浸透させるインナーブランディングを徹底している　182
カルチャー変革は仕組みづくりとセットで行う　182
クレドを掲げただけでは、仕組みやルールは機能しない　183

5章　選ばれにくい時代のBtoBブランディングの考え方

根強いBtoBブランディング不要論　188
BtoB企業こそソーシャルグッドの視点を持ちやすい　191
BtoBでも合理的判断がすべてではない　196
想起集合の中に入ってこそ選ばれる　198
買い叩かれるとサステナビリティの実現は難しい　200
海外での認知度向上を目指したブランドコンセプトに社員が熱狂　201
インナーブランディングの強化で社員の士気、採用力がアップ　203
BtoBブランディングをDXで加速する　205
DX化はブランドを実務に落とし込む絶好の機会　209
DXに詳しくなることが決裁者の仕事ではない　212

6章　サステナビリティ・ブランディングを経営戦略に接続する

サステナビリティ・ブランディングを経営戦略に落とし込む4ステップ　216
▼STEP①　パーパスを定める　219

魅力的なパーパスに不可欠な要素 219
パーパス策定の流れ 221
パーパス策定の成否を左右する「社員視点」 224
社員の思いの引き出し方 226
自社らしさを社会&環境価値と結びつける 229
会社のパーパスと個人のパーパスを接続する 231
目線を揃えるためのSTEEP分析 234
▼STEP② ブランドコンセプトを固める 236
事業領域を定義し、ブランディングの目的を決める 236
ブランドターゲットを絞り込む 238
自社のコアコンピテンシーを見定め、ブランドコンセプトコーンに落とし込む 239
ベネフィットがパーパスに紐づいているかを検証する 244
新規参入時のコンセプトメイク実例 245
▼STEP③ ブランドコンセプトを指標化し、インナーブランディングに接続する 252
ステージを確認する 252

KGIを設定する　253
KGI設定の失敗例　257
KPIを設定する　258
目標設定の基準を決める　261
KGI・KPI運用のための体制を構築する　262
ブランドコンセプトを組織の仕組みに落とし込む　264
▼STEP④　ブランドコンセプトをアウターブランディングに接続する　267
パーパスとブランドコンセプトに沿ったアクションを発信し続ける　267
最も重要なのは経営トップの決断　268
おわりに　271

序章

経営戦略としての
サステナビリティ&ブランディング

経営への取り入れ方が課題

本書のテーマはサステナビリティ・ブランディングですが、多くの企業でブランドを軸とした経営コンサルティングを行ってきた経験を踏まえて、まずは多くの企業に共通する課題についてお伝えしたいと思います。裏を返せば、その問題点の解決のためにサステナビリティ・ブランディングは存在します。

サステナビリティ・ブランディングが「サステナビリティ」と「ブランディング」の２つの要素から成ることは容易に想像がつくと思います。

サステナビリティはもはや企業経営の前提となりつつありますし、日本国内におけるブランディングの端緒は１９８０年代半ばのＣＩ・ＶＩブームにあり、すでに40年以上が経過しています。しかし、その定義は？　と尋ねられて明確に答えられる人は少ないでしょう。

それも無理もありません。実際、それぞれ明確な定義はなく、人によって理解や解釈が異なるからです。

序

経営戦略としてのサステナビリティ&ブランディング

多くの人はサステナビリティという言葉からＳＤＧｓやＥＳＧを連想します。株主や投資家、顧客対策としての必要性は感じていても、利益追求を使命とする営利企業が経営の主軸に据えて、企業価値の向上に役立てるのは難しいというのが一般的な認識でしょう。あるいは、サステナビリティは環境価値を高めることとおよそ同義であり、つまるところ地球環境の持続可能性を高めるためのカーボンニュートラルへの投資と同じこととして捉えている人もいるでしょう。少なくとも企業から対外向けに発信されるプレスリリースやＩＲ情報などからは、そのように読み取れるものが多いのは事実です。

ブランディングについても同様です。「イメージづくり」「ロゴ」「宣伝広告活動」「高級品」「(実態以上の）高価格での販売活動の実現」などを連想したり、抽象的に「付加価値を高める活動」「企業の競争優位を高めること」といった説明を頭に浮かべたりするかもしれません。このように多様な解釈が成り立つことから、ブランディングも定義が曖昧であることがおわかりになると思います。

サステナビリティもブランディングも、定義が曖昧であるがゆえに、経営への取り入れ方がわからず、多くの企業で十分に活かしきれていないのが現状です。このことが冒頭で指摘した、どの企業にも〝共通する課題〟です。

サステナビリティ、ブランディングを再定義する

サステナビリティもブランディングも成功のセオリーが確立していないため、企業活動にどう取り込み、経営の軸としてどう機能させるのか、腐心するテーマであることは間違いありません。ただ、どちらも究極的には「企業価値向上」のために有効であり、不可欠な要素であることをご理解いただけると思います。

企業価値とは、文字どおり「その企業が持つ価値のこと」ですが、可視化して初めて把握が可能になります。何を当たり前のことをと思われるかもしれませんが、肝心なのは「何をもって」企業価値とするかです。

表現の仕方にバリエーションはあれども、長い間、企業価値は「経済的価値」を数値で表したものとされてきました。ほとんどの企業は株主資本主義の下、財務諸表を分析する

ことで算出される現在および将来の経済価値を金額に換算し、上場企業は株価や時価総額をもって、ほぼ企業価値と同義のものとして扱うのが普通でした。

しかし近年、この企業価値の定義自体が変わってきています。少なくとも、変わるべきであると、私は考えています。

たとえば、ここ数年、「非財務情報」や「非財務価値」という言葉をよく耳にするようになってはいないでしょうか？

あるいは現在の業績的価値よりも、将来に向けた期待価値によって株価は決まるといった論調はいかがでしょうか？

直近では「人的資本開示」という言葉も生まれ、さまざまなメディアでクローズアップされています。

いずれも、ブランドや人材の価値、環境、社会への取り組みなど、財務諸表だけでは見えてこないものを企業価値として捉えようとする動きです。

こうした流れを生み出しているのが、よく言われるＶＵＣＡ時代の到来です。将来は予測不可能なものであり、その中で確率論的な経済活動を積み上げていくことは難しくなっています。

企業はこうした前提に立ち、短期でわかりやすく定量で表せる経済価値のみならず、未来がどのように変化したとしても、企業価値向上を実現していくためにあらゆるステークホルダーにきちんと向き合い、適切な投資をしていくことが求められているのです。

これらはすべて、企業価値が従来の経済価値と同義ではないという考え方が広がっていることや、株主資本主義からステークホルダー資本主義へのパラダイムシフトが起こっていることの表れであると捉えることもできるでしょう。

こうした中で、新たに企業価値をどう定義するか。私は「経済価値」に「社会&環境価値」「従業員価値」を加えた3つの価値を企業価値とし、これに「持続的成長可能性の可視化」を加えた4つの側面から、企業価値の創出を図っていくべきだと考えています。

では、新たな企業価値向上の実現に向けて、企業はサステナビリティやブランディングとどう向き合っていけばよいのでしょうか。

サステナビリティは、SDGsやESGとも、ましてカーボンニュートラルとも違います。3つの価値を並行して高めていくには、もっと広範囲のステークホルダーをフォローし、かつ我々がもっと身近に感じられる〝ソーシャルグッド〟なアクションを、自社の事業活動として展開していくべきです。

そして、この文脈を踏まえると、ブランディングはこれら3つの価値を統合し、持続的成長可能性を可視化するものとして社内外に蓄積・伝播させていくことを目指さなければなりません。別の視点でいえば、ブランディングを経営戦略に取り組み、経営判断や企業活動に縦横無尽に活用していくことが求められます。

これからお話しするサステナビリティ・ブランディングは、こうした時代の潮流を踏まえ、サステナビリティとブランディングを再定義したまったく新しい概念です。まだなじみのない考え方ではありますが、これからの時代の新しい経済活動全般に、間違いなくフィットするものであると確信しています。

できる限り事例を交えながら、実践的なものとしてお伝えしていきたいと思いますので、読者のみなさんにも、ぜひヒントを得ていただければ幸いです。

1章

ソーシャルグッドな取り組みこそが儲けにつながる時代

大炎上にもかかわらず、時価総額過去最高を更新した「ＮＩＫＥ」

「今や経営にとって、サステナビリティやブランディングへの取り組みの必要性、そして両者を接続することの重要性もわかっているが、両者をどう接続し、どう事業戦略に落とし込んでいけばいいのかわからない……」

当社はブランドを軸とした経営コンサルティングを数多く手がけていますが、最近クライアントからこうした相談を受けることが多くなりました。

企業がサステナビリティやブランディングとの関係を考えていくうえで、一つの理想形ともいえる取り組みを行っているのが、グローバルスポーツブランドの「ＮＩＫＥ」です。

２０１８年、ＮＩＫＥはアメリカンフットボールのコリン・キャパニック選手をＣＭに起用しました。キャパニック選手は、試合前の国歌斉唱中に立ち上がらず、ベンチに座ったままでいることで人種差別に抗議し、その行動が賛否両論を巻き起こしていた人物です。

実際、ＣＭが放送されるや否や大炎上を引き起こし、ＮＩＫＥの株価は一時３・２％下落、時価総額は32億ドル（約３５２０億円）減となりました。

しかし、ＮＩＫＥは動じることなく、キャパニック選手への支援とＣＭの放送を続けました。間接的とはいえ、大企業が政治的な立場を明らかにしたことを批判する人がいる一方で、そのブレない姿勢に共感し、「#ImWithNike」といったハッシュタグで賛同を示すユーザーが次々と現れ始めます。最終的に、商品はオンラインで驚異的な売上を記録し、反転上昇した株価は同社史上最高の80・06ドルを更新しました。

このキャンペーンが支持されたのは、NIKEが「Breaking Barriers（障壁を打ち破れ）」というパーパスに基づき、一貫性・継続性のあるアクションを取り続けたからにほかなりません。

このNIKEの事例こそが、企業の持続的成長を可能にするサステナビリティ実践の好事例であるだけでなく、サステナビリティをブランディングと接続させている「サステナビリティ・ブランディング」の好事例でもあります。

しかし、サステナビリティ・ブランディングはまったく新しい概念のため、NIKEのように効果的な取り組みにつなげている企業はまだまだ少数派です。

たとえば、ある不動産仲介会社での話です。守秘義務があるため、脚色してお話ししますが、先日、およその次のようなやりとりがありました。

コーポレートブランドのリブランディングに向けて、ブランドコンセプトを新たに練り直すという依頼を受け、ワークショップ形式でまずは自社の強みを洗い出してもらうことにしました。さまざまな強みが挙がりましたが、最終的に「実直さ」というワードに集約されました。

そこで、次のステップとして、「その『実直さ』は、社会にどんな価値を提供していますか?」と尋ねると、それまでの闊達な雰囲気から一転して、みなさんしばらく考え込み始めます。そして、ようやく重い口を開いて出てくるのは、「どんぴしゃとは言えませんが、強いていうならSDGsの『住み続けられるまちづくりを』の目標に該当する感じですかね(自分たちは不動産仲介業者だし……)」といった言葉なのです。

じつはこうした反応は、この企業に限ったことではありません。「社会的価値」という言葉を耳にした途端、多くの人がSDGsと紐づけようとします。SDGsの目標の中に答えを求め、自分たちの強みを無理にでも当てはめようとまでするのです。

これではまるで、SDGsの目標達成ありき、さらにいえば、SDGsに取り組んでいる姿勢を見せるために、自社の社会的価値を考えていくのと変わりありません。もっと極端なケースでは、SDGsのために強みを変えたり、設定したりする企業もあります。このようなアプローチでは、仮に表面的には、SDGsやESGと自社の事業を紐づけて説明することができても、その企業が生み出す本当の意味での社会的価値を事業活動に活かし、ステークホルダーの心をつかむのは難しいでしょう。

その点、NIKEの取り組みは、SDGsの10番目の目標「人や国の不平等をなくそう」に該当するにもかかわらず、「私たちはSDGsの目標を達成するために、このキャンペーンを手がけました」とは一切主張していません。

〝SDGs達成のために〟というぼんやりした主張ではなく、「障壁を打ち破るために、私たちはキャパニック選手を支持します」という姿勢を一貫して取り続けた姿に、人々は共感したのです。利益だけを追求する企業はもちろん、株主や投資家向けに「SDGsやESGへのコミットをアピールしよう」という考えの強い企業には、とてもできないことです。

サステナビリティ＝脱炭素ではない

とはいえ、SDGsやESG、サステナビリティなどに関する取り組みを否定しているわけではありません。むしろ、私自身は賛成・推進派です。

ご存じのとおり、2015年に国連サミットでSDGs（持続可能な開発目標）が採択されました。国際社会全体で、2030年までに持続可能な社会を実現しよう、そのために全世界で貧困や差別、脱炭素といった17のゴールとそれを細分化した169のターゲットを達成しようというものです。

SDGsを学校で学んだ世代が消費や労働市場の主役になるにしたがって、誰かを犠牲にして利益を確保したり、汚水を垂れ流したりする企業の商品が選ばれなくなるのは目に見えています。また、ダイバーシティ&インクルージョンへの取り組みが遅れている企業が優秀な人材を集めるのは難しくなることが予想されます。企業にとって「SDGsに取り組まないことがリスク」と言われるのはそのためです。

さらに2019年には、日本の経団連に相当するアメリカのビジネス・ラウンドテーブルにおいて、主要企業が「これまでの株主資本主義から、ステークホルダー資本主義に転換する」と宣言しました。

これを契機に、従来のように売上高や利益ばかりではなく、環境（Environment）・社会（Social）・統治（Governance）への企業の取り組みを投資判断の材料に含めるESG投資が投資家に注目されるようになりました。それに伴って企業はサステナビリティ経営への転換を迫られ、ESG推進室やサステナビリティ推進室を設置してCO_2削減目標を策定し、その達成を目指すようになりました。

こうしたSDGsやCO_2の削減目標は、当然クリアしていかねばならないものです。しかし、それはそれです。序章でもお話ししたように、本来のサステナビリティ経営は「企業価値の持続的成長可能性」こそが核であり、脱炭素などの取り組みだけを指すものではありません。ところが、残念ながら、その事実を認識している企業はごく一部にとどまっているのが現状です。

サステナビリティの欠如はブランド価値を毀損する

なかには、SDGsやサステナビリティの取り組みをパーパス（企業としての社会的存在意義）などで謳ってはいるものの、「SDGsはカネにならない」という考えを変えられず、昔ながらのマーケティング偏重の経営・事業・営業戦略を取り続けている企業も少なくありません。経営層は笛吹けど、現場は踊らずという組織もよく目にします。

しかし、SDGsへの共感度が高い次世代の顧客を獲得・育成していくという中長期的な取り組みを行わず、目先の購買につながる刈り取り型の施策に終始していては、売上は間違いなく先細っていくでしょう。20年、30年先の話ではありません。5年、10年先に訪れる世界です。

また、SDGsへの取り組みは、原材料や製造工程に限ったものではありません。いくらサステナブルな商品を扱っていても、お店で働くスタッフが劣悪な労働条件を強いられていたとしたら、やがて意欲を失い、人材の流出を招き、長期的には売上を維持していくのが難しくなります。自分たちの利益になる部分だけにSDGsを利用することは「グリーンウオッシュ（環境に配慮したように見せかけ、消費者に誤解を与えること）」として非難の対象にもなっています。

企業としてSDGsへの取り組みを掲げた以上、企業活動すべてがSDGsに紐づいていないと、ブランド価値を毀損してしまうリスクがあるのです。

マス広告なしでブランドを確立した「とらや」

NIKEの話をすると、「いやいや、それは大金をかけた広告を打てるからでしょう」「そこまで尖ったキャンペーンを、うちの会社ができるわけがない」という声も聞こえてきそうです。

たしかにＮＩＫＥと同じスタンスを取ることは難しいかもしれませんが、サステナビリティに立脚するブランディングの方法は一つではありません。ＮＩＫＥとはまったく違う方向から自分たちの社会に対する姿勢を効果的に表現し、顧客に選ばれ続けている企業は数多く存在します。

創業５００年超の老舗「とらや」もその一つです。

とらやが選ばれ続けているのは、「おいしい和菓子を喜んで召し上がって頂く」というシンプルな経営理念を忠実に実践し、顧客はもちろん、社員、取引先、工場のある地域の住民に対して真摯に向き合い続けてきたことにあります。

〝おいしい和菓子〟を生み出すための餡づくりには原材料がものをいうことから、とらやは栽培の難しい白小豆の契約栽培体制をいち早く構築します。折に触れて生産者に経営理念を伝え、農薬の使い方などについても、生産者と話し合いを重ねながら長期的な信頼関係を築いているといいます。基礎研究の部門も設け、原材料や製法の研究にも余念がありません。

そして、国内外や年齢性別を問わず「喜んで召し上がってい頂く」ために、パリに出店して和菓子文化を広め、国内においては新業態のカフェをスタートさせ、若い層にファンを増やしました。加えて「高齢者を大切にする企業」を打ち出し、噛む力が弱くなっても食べられるやわらかい羊羹を開発しています。

さらに、地域社会との交流にも積極的であり、「工場のある地域社会への恩返しとして清掃活動を行う」「日本在住の外国人向けのお茶会を開催し和菓子文化を伝える」といった活動を展開しています。こうした地域・社会への貢献活動を行う理由を、「とらやが時代を超えて和菓子づくりを続けてこられたのは、地域の皆様や社会のご理解とご協力があったからこそ」と明文化しています。

社員の働き方についても、とらやが旗振り役となって百貨店に営業時間の短縮などを要請し、長時間勤務をいち早く改善しました。

顧客においしい和菓子を喜んで召し上がっていただくために、できることはすべてやっていこう。そうした意識で取り組んでいるあらゆる企業活動が経営理念に紐づき、一つの一貫したストーリーとして組み立てられています。それが〝信頼できる手土産の定番〟として強いブランドイメージを創り出しているのです。

このように、顧客のためにできることは何かを突き詰めた結果が、取引先との信頼関係構築だったり、社員の働き方改善だったりするのであって、決してＳＤＧｓや利益追求起点ではないのです。

ＢtoＢでもブランディングの重要性を示す「Ｓａｎｓａｎ」

また、ＮＩＫＥやとらやのようなＢtoＣ企業だけでなく、ＢtoＢ企業の中にも、自分たちの強みと提供できる社会価値とをうまく接続し、ブランディングを確立している例が増えています。その成功例の一つが、サブスクリプションモデルでクラウド名刺管理サービスを提供する「Ｓａｎｓａｎ」です。

２００７年に創業し、現在では国内最大のＳａａＳ企業へと成長した同社は、競合他社より価格設定が高額にもかかわらず、２０２２年12月に至るまで、シェアナンバーワンを継続しています（シード・プランニング調査）。

そのポイントは、自分たちを「名刺管理サービス企業」と定義せず、「出会いからイノベーションを生み出す」をミッションに掲げ、顧客同士のコミュニケーションに価値を置く会社としてブランディングを行っている点です。

価格設定が高いのに、なぜ類似サービスを提供する同業他社との価格競争から抜け出すことができたのか。それは、名刺情報を他社の営業・マーケティングのツールと連携できるようにした、ユーザーオリエンテッド（顧客志向）なサービスが支持されたからです。

そして、価格を下げずに済んでいる結果、新しい技術の開発やオペレーションの改善への投資が可能となり、人力とテクノロジーを使った名刺情報のデータ化の精度99・9％を実現しているだけでなく、「出会いからイノベーションを生み出す」ためのさまざまな取り組みへの投資を続けることができるのです。

それは同時に、低価格を売りにして顧客を囲い込み、そのしわ寄せを現場のスタッフの賃金や発注価格に押し付けて利益を確保するといった系統のビジネスモデルとは、距離を置くことができるようになることを意味します。

共感され、ファンを生む企業におけるブランディングの共通点

紹介した3社の共通点にお気づきでしょうか。

ＮＩＫＥはパーパスに忠実でブレない姿勢、とらやは組織全体の一貫性のある企業活動、Ｓａｎｓａｎはユーザーオリエンテッドなサービスがそれぞれ支持されていますが、いずれも「ソーシャルグッド」な取り組みであるという点で共通しています。

ソーシャルグッド（Social Good）とは、社会に対してよい影響を与える活動や製品、サービスなどの総称を指す言葉です。

ソーシャルグッドというと、エコ商品や植林、リサイクル、ボランティアなど直接的に地球環境や社会によいことというイメージがあるかもしれませんが、ＮＩＫＥの例のように大がかりなものでなくても、とらやのようにおいしい和菓子を通じて顧客に喜んでもらいたい、Ｓａｎｓａｎのように多忙なビジネスパーソンのビジネスチャンスを増やす一助となりたいというのも、ソーシャルグッドです。

こうしたソーシャルグッドな企業のアクションを顧客、取引先、社員、株主などあらゆるステークホルダーに向けて発信し、共感と支持を広げてファンを作り、内外の環境変化がいかようにに変化しても、企業価値向上を実現していける状況を作ること。それに成功しているこうした企業の取り組みこそ、本書が提唱するサステナビリティ・ブランディングの好事例といえます。サステナビリティを実践しているだけでなく、サステナビリティをブランディングと効果的に接続できているというのが重要なポイントです。

なお、「サステナビリティ・ブランディング？　脱炭素を実現するサステナビリティ経営のこと？」と思い浮かべた人も多いかもしれません。

たしかに今、多くの企業がサステナビリティ経営を打ち出し、サステナビリティ推進室を設置するなどして、CO_2削減の目標値を定めて達成を目指しています。

しかし、それはサステナビリティの一面でしかありません。サステナビリティには、「守り」と「攻め」の2つの面があります。

「守り」は、地球や社会の持続可能性のこと。脱炭素やSDGsの目標など、達成しなければならないタスクです。

一方、「攻め」は企業の持続可能性のこと。ソーシャルグッドな取り組みをブランディングと接続し、ステークホルダーに効果的に発信することで強いブランドを築き上げ、広くステークホルダーから共感され、選ばれ続けること。そして、それを持続的成長可能性として蓄積し、企業価値を高めることです。

儲かるソーシャルグッド、儲からないSDGs

サステナビリティ・ブランディングにはソーシャルグッドな取り組みが不可欠ですが、「SDGsも社会にいい影響を与えるのだから、ソーシャルグッドでは?」と感じる人もいるでしょう。

両者の違いは立脚点の違いにあります。

SDGsは「社会課題の解決」ありきです。先に温室効果ガス削減や貧困、人種差別などの社会課題を解決するというテーマがあり、企業がその解決を目指すという流れになります。SDGsへの取り組みは企業にとって必要不可欠なことではありますが、単に脱炭素に取り組んでいますという発信の仕方では、顧客が共感し、その企業の商品やサービスを購入したくなるところへとなかなかつながっていきません。

それに対してサステナビリティ・ブランディングは、「顧客がソーシャルグッドだと感じられるかどうか」が立脚点となっています。

顧客が「これはソーシャルグッドだ」と感じる取り組みを発信することができれば、次のような好サイクルが生まれやすくなるのです。

ソーシャルグッドだと「顧客が感じる」
↓
購入する理由、メディアに拡散される理由になる
↓
より多くの人の共感を得られる
↓
活動資金が増える
↓
もっとよいモノコトを生み出せる

企業にとって重要なのは、まずはターゲットとなる顧客が「この企業はソーシャルグッドな取り組みをしているな」と「感じられる」ことにあります。単に「収益の一部を○○に寄付しています」「ボランティアに取り組んでいます」というだけでは物足りません。もちろん、取り組み自体は評価されるべきものですが、顧客がそう感じなければ、ソーシャルグッドな取り組みに儲けを回しているだけになってしまいます。企業としての儲け＝収

益につながっていかないのです。

SDGsを前面に打ち出しても成功している「TRIWA」

ただし、SDGsが掲げる壮大な社会課題の解決を立脚点にしていても、顧客が「ソーシャルグッド」を感じられる取り組みにまでブレークダウンされていれば話は別です。

スウェーデンの時計ブランド「TRIWA（トリワ）」は、2018年からSDGsの普及をテーマにした〝TIME FOR CHANGE〟というプロジェクトを立ち上げています。このプロジェクトから生まれたのが、回収した違法銃器から生み出された金属「ヒューマニウムメタル」とコラボレーションした腕時計〝TIME FOR PEACE〟コレクションです。同コレクションは発売するや否や多くの顧客に支持され、これまで2万本以上の腕時計を販売し、1万2000挺以上の違法銃器の撲滅に貢献、10万ドル以上もの資金調達につながりました。

これを機にTRIWAは「時計が世界の問題を考えるきっかけとなるため」、さらに時計を「変化の象徴にするため」に、価値主導製品を発表していく方針へと転換。海のプラスチックゴミから生まれたコレクションや、多様な愛の形を称えるコレクションを発表しています。

なぜ、ＳＤＧｓそのものを起点にしているにもかかわらず、広く共感を得て収益や企業価値向上に結びつけることができたのか。その理由は、ＴＲＩＷＡが自社製品の販売という「本業」を通して社会課題の解決を目指したことにあります。寄付などの「企業が余力で行う」取り組みとは違い、その本気度が支持を広げたのです。

また、単に時間を知りたいだけならスマートフォンで事足りる時代に腕時計を、社会問題を考えるきっかけや変化の象徴として捉え直し、付加価値を高めた点も見逃せません。通常の腕時計より高めの価格設定にもかかわらずヒットしたのは「この腕時計を身につけることがソーシャルグッドに直結する」「この時計を身につけることがかっこいい」「社会課題への関心の高さをアピールできる」といった顧客の共感があったからこそです。

これだけＳＤＧｓやサステナビリティへの関心や社会的要請が高まっている今、それをブランディングに活用しない手はありません。

そして、共感を生むパワーのあるサステナビリティ・ブランディングは、さらに経営戦略と接続して初めて、本当の意味での企業の持続可能性を高める力となるのです。

守りだけでなく、攻めがあってこそ、真のサステナビリティ経営が可能になります。

次章では、真のサステナビリティ経営によって、企業価値向上を実現するためのサステナビリティ・ブランディングの詳細について、お話ししていきます。

2章

サステナビリティ・ブランディングとは?

ブランド&ブランディングとは何か

この章では、共感を生み、顧客に選ばれ続けるサステナビリティ・ブランディングについて紹介していきます。その前に、そもそもブランドおよびブランディングとは何かについて、基礎的な知識について少しお話しさせてください。

いまさら当たり前のことをと思われるかもしれませんが、じつのところ、私がお会いしている経営者やブランド担当者、また大手コンサルティング会社のコンサルタントですら、ブランドについて系統立てて説明できる人は少数です。サステナビリティ・ブランディングを正しく理解するには、現在のブランドやブランディングの問題点について、知っておく必要があります。

では、話を進めましょう。まず、ブランドの語源が焼印を押すという意味の"burned"に由来することをご存じでしょうか。自分の家畜と他人の家畜を間違えないよう、焼印を押して区別していたことが始まりです。つまり、他と区別するための識別記号をブランドと呼ぶようになったのです。

1980年代後半になると、市場の成熟によって差別化の要請が高まり、日本にもブランドの概念が浸透していきました。「ルイ・ヴィトン」のロゴが入ったバッグを持つことがステータスだったバブル期を経て、ブランドとは「差別化によってモノを高く売り、利益を出すもの」という捉え方が主流となりました。

ただし、当時は差別化といっても、識別記号としての役割を超えるものではありませんでした。極論すれば、どんなロゴデザインにするかがブランドであり、またマーケティング主体の販売戦略の下、さまざまなブランドが乱立することになりました。その結果、近年の企業経営においては、識別記号としての価値しか持たないブランドは投資価値がないとみなされるようになっています。

では、今日、ブランドが担う役割とは何でしょうか。ひと言でいえば、「期待価値」の創造です。

期待価値とは、顧客や取引先、株主、社員といったあらゆるステークホルダーが「〇〇といえば、△△（ブランド名）」「いかにも、△△（ブランド名）らしいよね」と頭の中で思い描くイメージのことをいいます。BtoCはもちろん、BtoBにおいても、「この仕事だったら、あなたにお願いしたい」と期待されなければ選ばれません。

こうした期待価値はブランドネームやロゴなどの識別記号と、「知覚価値」が結びつくことで創造されます。知覚価値とは、スペックや価格などの「機能的価値」と、心地よい気分にさせてくれるなどの「情緒的価値」の総称です。

コーヒーチェーンを例にとれば、「ドトールコーヒー」は機能的価値重視、「スターバックス コーヒー」は情緒的価値重視ですが、ドトールは「あまりお店で寛げはしないが、コスパがいい」、スターバックスであれば「値段はそこそこするが、その分居心地がいい」といったように、基本的に期待価値は知覚価値に対する総合的判断で決まります。

ですから、広告やロゴマーク、パッケージデザインなどの見せ方で、一定のイメージを伝えることは可能です。しかし、それだけで期待価値をステークホルダーの頭の中に想起させることはできません。期待価値がステークホルダーの頭に刷り込まれるまで、一貫性、継続性を持って取り組む必要があります。この企業活動が「ブランディング」です。

とらやの例でもわかるように、ブランディングにあたっては、製品やサービスの品質、店舗スタッフや営業担当者の人柄、店舗の立地や内装、経営者の発言、ホームページ、SNSなどでのクチコミ、取引先とのコミュニケーションの仕方、社風や社内制度、工場の運営など、ステークホルダーとのあらゆるタッチポイントにおいて、一貫性、継続性を持って取り組んでいく必要があるのです。

ブランド戦略なしでは生き残れない時代

ブランド（期待価値）は頭の中にあるものなので、曖昧で捉えどころがありません。ブランドにまつわる概念がなかなか理解されにくく、投資してみたものの途中で立ち消えになってしまうことが多いのも、そのためです。

しかし、そのように曖昧で、定着にも時間を要する「ブランド」が、どうして今、必要とされているのでしょうか。それは前章でお話ししたように、予測不能な時代に突入したことに加え、コロナ禍でBtoC企業、BtoB企業を問わず、顧客との接点の中心がオンラインに移行したことが大きく影響しています。

ご存じのとおり、これまでは小売店経由で商品を販売していたメーカーや、リアルでの販売が主だった店舗が軒並みオンラインに進出し、プレイヤーが増加しています。また、オンライン上では、企業や店舗の規模がさほどアドバンテージにならないため、これまで競合でなかった相手とも、競い合わなければならない状況が生まれています。

その一方で、SNSをはじめ、オンライン上には情報があふれていて、商品の購入や業者選びに際して比較検討しようとしても、何を信じればいいのか、どこまで調べればいいのか、判断がつきづらくなっています。

このように「プレイヤーの増加」×「過剰な情報」で商品やサービスを選ぶのが難しくなっていくと、品質や機能、クチコミなどで差別化を図ることが難しくなってきます。そもそも、多くの商品やサービスが成熟していて機能差はほとんどありませんし、たとえばストロング系のアルコール飲料のように、市場で人気を博してもすぐに追従されてしまいます。BtoCも同様で、本当に他社と一線を画した〝画期的なサービス〟を提供している企業はきわめて限定的です。

このように、現代においては、品質や機能による差別化以外の「選ばれる理由」が必要になってきます。それがブランドなのです。

価格競争から抜け出すカギとなる「想起集合」

では、選ばれるブランドとなるには、何が必要なのでしょうか。

それは、「大切なクライアントだから、失礼のない手土産を選びたい」「この仕事が終わったらビールを飲んで解放されたい」と思ったときに、頭の中の購入検討リストに載るような存在になることです。

この購入検討リストを「想起集合（Evoked Set）」と呼びます。とらやを例にとると、「失礼のない手土産を」と思ったときに、頭の中でイメージされる購入を検討してもよいと考える候補、ブランドのことです。

ただし、「失礼のない手土産といえば、とらや」という想起集合には、一足飛びに仲間入りできるわけではありません。まずは、店舗やパッケージ、ホームページ、取材された媒体など、あらゆるタッチポイントで刷り込みを続け、ロゴやブランド名を「見たことがある」「聞いたことがある」と認知してもらえるようになることを目指します。

認知されるようになると、ロゴやブランド名を見たり、聞いたりしただけで、〝手土産の定番〟〝老舗でもチャレンジング〟など、一定のイメージを浮かべてもらえるようになります。そこで、ようやく検討のリストに載るようになり、購入に結びつく可能性のある想起集合への仲間入りとなります。

そして、実際に手土産として渡したところ喜ばれた、自分で食べてみたら期待以上においしかった、といった経験を経て、周囲の人にも勧めてもらえるブランドへと昇格していきます。

このように、商品や情報が多すぎて、選び疲れを起こしている消費者から選ばれるためには、まずは想起集合に入らなければなりません。

企業にとっても、それが品質や機能による差別化競争や価格競争から抜け出すカギになります。

刈り取り型マーケティングの限界

現在のように、想起集合に入らないモノやサービスはすぐ淘汰されてしまう状況下では、いわゆるマーケティングもうまく機能しません。カタログ通販から出発し、顧客に直接購入を働きかけるダイレクトマーケティングにより成長してきた、ある化粧品会社もそうでした。

前述のとおり、オンライン化が進み、ライバル企業が増えたことで、売上の維持に熾烈な競争を強いられることになりました。そこで、既存客をターゲットに、新商品を短いスパンで投入して、カタログにラインナップして定期的に認知を獲得し、目新しさで買い増し、買い続けてもらう戦略に最注力しました。当初、その戦略は大きな成果を上げ、数ある化粧品メーカーの中でも随一の成長率と費用対効果を叩き出しました。

一方で、その分、若い世代を新たに獲得するような取り組みは手薄になっていきました。目先の売上につなげるには、スタートキットだけを購入して多くが消えてしまう新規顧客よりも効率がいいからです。いわば刈り取り型のマーケティングにシフトしたのです。

その結果は厳しいものでした。CPA（顧客獲得単価）がかつての倍以上に膨らんで収益が悪化。本来ならば、ダイレクトマーケティングの強みであるはずの低CPA、高利益率の構造が損なわれてしまったのです。

そこで、当社がリブランディングをお手伝いして、増え続けていた商品数を「ブランドらしさ」「顧客獲得効率」「クロスセル（買い回り）効率」の観点で絞り込み、コーポレートブランドの象徴プロダクトを明確に定めてコミュニケーションと一貫させることで、想起集合の中に入ることを目指しました。ブランドビジネスへの転換です。

想起集合に入ってブランド力を高めれば、商品にブランドというプレミアム（付加価値）がついて利益を確保できるようになっていきます。ブランド力によるプレミアムというのは、商品に高い価格をつけられるようになるだけではありません。想起集合に入ることでCPAを引き下げられ、収益の改善も期待できます。

化粧品のような高利益率で勝負する業界だけでなく、100円ショップのような薄利多売のビジネスモデルでも、この構図は変わりありません。「あの店ならしっかり数を売ってくれる」というブランドが確立していれば、「うちの商品を仕入れてもらえるなら、喜んで価格も勉強します」という展開も起こり得ます。ブランド力があれば、Win-Winの関係も築きやすいのです。

中途半端な価格設定でビジネスをしている企業より、収益をしっかり確保できているというケースも珍しくないのです。

BtoBビジネスでもブランディングが重要

コロナ禍により加速した顧客接点のオンライン化は、BtoBビジネスにも大きな変化をもたらしました。

すでに2011年のデータ（CEB,"The Challenger Sale"）で、顧客の約6割が営業担当者との商談前にインターネットで製品やサービスの絞り込みを終えているとされ、コロナ禍を経た現在では約8割になったといわれています。つまり、BtoBビジネスも購買プロセスのオンライン化によって、たとえ市場規模が小さくても想起集合に入り、ブランドで選ばれなければいけない状況が生まれているのです。

今でこそ人事管理サービスやマーケティングツールのタクシー広告などが当たり前になっていますが、かつては「BtoB企業にはブランディングは不要」とされてきました。市場・顧客数がBtoCビジネスと比べて限定されているため、広告宣伝に投資しても、費用対効果に見合わないと考えられてきたことが主な理由です。そこには2つの意味で大きな誤解があります。一つは、「ブランディングとは広告宣伝のことである」という考え方・定義上の誤解です。ブランディングとは広告宣伝だけではなく、それも含めたあらゆる顧客接点で一貫した訴求を行い、想起集合に入ることを指します。そしてもう一つは、BtoCと比べて顧客数が少なかったBtoBビジネスも、今や face to face のセールス活動では勝負の土俵にすら立てないオンラインが主戦場となってきているという市場環境の誤認です。

しかし、ブランディングに成功しているBtoB企業は以前から数多くありました。たとえば、半導体素子メーカーの「インテル」や、防水透湿性素材の「ゴアテックス」はその代表例です。

誰もが聞いたことのある「インテル入ってる」のコピーは、説明してもわかりにくいCPUの説明は一切せず、ブランド名を覚えてもらうことのみに注力したものです。そのブランド戦略は見事に成功を収め、圧倒的な認知を獲得しました。インテル以外にCPUのメーカーにどんな企業があるのかを知らない一般の消費者にとっては、パソコンに「インテル」のシールを見つけただけで、「あ、知ってるから安心」と購入の決め手となったのです。

これにより、パソコンという最終財にとって中間財にすぎないCPUが、ブランドによってパソコンメーカーに選ばれるようになりました。言い方を換えると、「パソコンメーカーが自社製品の競争力を上げるために対価を支払ってでも、部品であるCPUのブランド力を手に入れたがる」という構図を作ることに成功したわけです。

一方、アウトドアブランドのアウターや靴などに採用されているゴアテックスは、高機能素材を扱うBtoBブランドでありながら、ブラックダイヤモンドと呼ばれる独自のロゴマークを開発し、エンドユーザー向けに積極的に広告を打ち、アウトドア専門店への丁寧な商品説明などを実施することを通じて、優れた機能性をアピールしてきました。ここでポイントとなるのは、BtoBブランドであるにもかかわらず、消費者に高価格であることの裏づけを直接示し、消費者から指名買いされるブランド力を築き上げたことです。多くの場合、素材メーカーはアウトドアやスポーツのメーカーに「うちの素材を使ってください」と売り込むものですが、ゴアテックスの場合には、こうしたブランド構築の結果、多くのメーカーから「うちのアウターにも使いたい」と依頼が舞い込む逆転現象が起きています。

サステナビリティを構成する3つの価値

このようにブランドおよびブランディングの過去から現在までの流れを見ていくと、識別記号としてのブランドはもちろんのこと、競合商品やサービスとの品質・機能面での差別化や、刈り取り型のマーケティングを起点とするブランディングに限界が訪れていることは明らかです。BtoC、BtoBを問わず、この先、企業が5年、10年と勝ち続けていくためには、ブランドを軸にした経営戦略の見直しが不可欠であることが、おわかりいただけると思います。

こうした背景の下、企業が経営戦略に組み込んで進めなければならないのが、本書が提唱するサステナビリティ・ブランディングです。品質や機能、マーケティング起点で差別化が難しい今、ソーシャルグッドな取り組みで、幅広いステークホルダーにファンを作っていくことが、結果的に自社をオンリーワンの存在へと導き、中長期にわたって企業の持続的成長可能性を高め続ける唯一の解決策といってもいいでしょう。

前章でサステナビリティには、「攻め」と「守り」があるとお話ししました。攻めは企業の持続的成長可能性を向上させるための取り組みであり、守りは脱炭素など地球環境の持続可能性へのいわば義務的な取り組みです。

前者の企業の持続的成長可能性を高めるサステナビリティは、さらに解像度を上げると、以下の3つの要素で構成されています。

①経済価値
②社会&環境価値
③従業員価値

3つのうち、企業にとって最も重要なのは、1つ目の経済価値であることは言うまでもありません。経済価値を担保するには、中長期にわたって市場から求められ続けることが大前提です。

しかし、それには次にお話しするように社会&環境価値と従業員価値が非常に重要になってきているのです。

幅広いファンを獲得するサステナビリティ・ブランディング

かつて経済価値は、社会&環境価値、従業員価値とはリンクしない別個のものと捉えられていました。

企業の使命は利益の追求であり、社会&環境価値は十分な利益が上がった場合に、その一部を還元する形で行われてきました。ある種のボランティアであり、直截的にいえば、CSR（企業の社会的責任）の取り組みへの証拠づくりでもありました。

一方、従業員価値についても、福利厚生を充実させる一方で、会社と社員は主従の関係である、という暗黙の前提が強く、「社員にとっての会社の価値」という考え方自体が弱いのが日本企業の特徴です。むしろ、「まずは会社にとっての社員の価値を示せ」という考え方のほうが強かったといえるでしょう。しかし、時代の推移とともに就労観やライフスタイルが変化し、企業が社員にとってどういう価値を持つのか、その結果、社員から選ばれ続けることができるのかといったことが、ようやくシビアに考えられ始めています。

２０００年代前後になると、経済価値の追求と、社会&価値、従業員価値との両立は可能であるという認識が生まれ始めますが、それでも環境対策や人件費のコストを負担する企業にとって、経済価値と社会&環境価値、従業員価値はトレードオフという感覚は根強く残っていました。

ところが、２０１０年代に入り、ＳＤＧｓやサステナビリティの考え方が広がり始めたことで状況が変わります。これまで企業が前提としていた「外部不経済の責任は負わない」「原材料や人材は無限」といった考えに、世の中がＮＯを突き付けるようになったのです。さらにクラウドやＡＩといった新たな技術革新も進展する中で、企業が存続していくために、目まぐるしく変化する外部環境とどうつながりを持っていくか、新たな戦略を考える必要性が出てきました。

今や単に利益を上げるだけでは顧客や株主からの支持を得られず、また人的資本などの面でも、取引先や社員から愛されない企業がこの先、生き残っていけるとはとても思えません。

一方、顧客から愛され、取引先や株主から支持され、社員のエンゲージメントも高い。そんなふうにあらゆるステークホルダーにファンになってもらうことができれば、どんな環境変化が起こっても、助け合ったり、手を組んだりするなどして、乗り越えていくことが可能になります。

それこそが、本物のサステナビリティです。

こうしたサステナビリティの考え方に基づいて、どのステークホルダーにどのようにファンになってもらうのかをブランド戦略に落とし込み、さらにそれを経営戦略に外付けするのではなく、経営戦略や事業戦略の根幹に組み込んでいく。それが、本書が目指すサステナビリティ・ブランディングの姿です。

パーパスとサステナビリティ・ブランディング

サステナビリティ・ブランディングを実践する際に、大きな武器となるのがパーパスです。パーパスというと、経営理念やビジョンとの違いに悩まされ、じつのところ腑に落ちていない方は少なくないと思いますが、それについては後述します。

パーパスは「社会的存在意義」と訳されることが多いのですが、それは世界的な資産運用会社の「ブラックロック」が、「社会的な価値を生み出すことが企業の長期的な成長につながる」として、社員や顧客、そして社会に賛同される理念を示すことを企業に求めたことが起点だからです。つまり、ESGの投資先として選ばれるために、経済価値以外の社会&環境価値、従業員価値といった視点を経営理念に組み込もうという流れから生まれた言葉です。

要するに、パーパスとは本質的には経営理念そのものであり、誤解を恐れずにいえば、従来のミッションと同根のものです。

ただ、これまでの経営理念（特にミッションと呼ばれていたもの）が株主第一主義を無言の前提とし、抽象度の高い総花的な表現で言語化されていることが多かったのに対し、パーパスはステークホルダー資本主義を前提に、発揮すべき社会的価値・ソーシャルグッドの視点を中心に据え、内発動機に基づいて言語化されることで、より明確に理念を企業が宣言する表現が使われていることが多くなっています。

この点で、従来のミッションとは一線を画したものであることが、多くのステークホルダーから期待されているのも事実です。そして、このパーパスに沿って不断のアクションをし続けることが、企業にとっても個人にとってもよい結果をもたらすことは間違いありません。

前章で紹介したＮＩＫＥのキャンペーンが可能になったのも、そして何より、それが多くの人々から賛同されたのも、「Breaking Barriers」という立ち返るべき強いパーパスがあったからこそです。炎上してもパーパスに基づいて支援し続け、その一貫した行動が共感を呼び、支持が集まりました。

ブランドで勝ち抜いてきた企業のほとんどは、パーパスとブランドが一貫したものとして設計されています。とらやは「経営理念」、Ｓａｎｓａｎは「ビジョン」と呼び方は異なりますが、中身は自分たちの社会的存在意義の表明となっています。

たとえば、「ソニーグループ（以下、ソニー）」は「クリエイティビティとテクノロジーの力で、世界を感動で満たす。」というパーパスを掲げています。

〝感動〟〝クリエイティビティ〟という言葉には、ソニー創業以来の想いが凝縮されています。自分たちはただのエレクトロニクスのメーカーではない、世界を感動で満たすんだ、その感動をクリエイティビティとテクノロジーで紡ぎ出していく。自分たちはそのために存在していると宣言しているのです。

とはいえ、パーパスが独り歩きして、商品が売れるようになるわけではありません。パーパスに基づいて、クリエイティビティとテクノロジーに関連する事業に経営資源を集中させ、その事業で勝つためにどんな製品を提供し、消費者にどのようなイメージや期待を持ってもらうかブランディングする。また、パーパスに紐づいて、社員自身もどのように社会にコミットし、自分の未来が切り開かれていくのかを定義して示していく。株主に対しても同様です。

こうしたあらゆる企業活動がパーパスを起点に行われて初めて、幅広いステークホルダーの共感を呼ぶことができるのです。

もう一例、挙げましょう。事業形態の大きな変化に合わせて、その都度ビジョンを一新してきたのが「星野リゾート」です。

１９０４年から軽井沢の開発に着手し、１９１４年に星野温泉旅館を開業。１９５１年に不動産を保有して旅館を経営する星野温泉を設立して法人化、１９９５年に星野リゾートに社名を変更します。

このとき、ビジョンを「リゾート運営の達人になる」に一新し、「星のや」「界」「リゾナーレ」などの宿泊施設の運営に特化した業態へと転換しました。そして、海外進出を見据え、高級外資系ホテルとの違いを打ち出すために、2014年にビジョンを新たに「ホスピタリティ・イノベーター」に改めています。とはいえ、新たなパーパスやビジョンを掲げたからといって、やはりそれだけで宿泊客が増えるわけではありません。すべての企業活動とパーパスが紐づいていることが重要です。

ホスピタリティ・イノベーター、すなわち施設（ハード）だけでなく、接客やサービス（ソフト）のすべてを通じて、顧客が体感する「ホスピタリティのカタチ」そのものにイノベーションを起こす、というビジョンを体現しているのが、1人のスタッフが何役もこなしながら最上の顧客体験を提供する「マルチタスク」です。

私自身、リゾナーレに宿泊したことがあるのですが、そこでマルチタスクを実感する出来事に遭遇しました。プールで迷子になった子どもを見つけた監視スタッフが、その子を抱っこして一緒に保護者を探してあげていたのです。

通常、ホテルの仕事はスタッフが入れ替わっても対応できるよう、細分化・マニュアル化されています。監視員はセキュリティに連絡して終わり、というのが一般的な対応です。実際、そのほうがさまざまなリスクを回避しやすいですし、マニュアル化がなされている ほどサービス水準の下限を上げられるため、提供できるサービスの平均値を高めやすくなります。逆にいえば、マニュアル化されていない、従業員一人ひとりの判断に任される領域が増えるほど、従業員には高いモラルとホスピタリティ、何よりもスキルが求められ、それでも高いサービスレベルを維持しようとするならば、育成には非常に大きなコストを要するわけです。

しかし、前述のエピソードからもわかるように、星野リゾートでは1人がサービスの最初から最後まで対応にあたっていました。そのほうが、保護者に状況説明も詳細にできますし、子どもも同じ人が一緒にいてくれることで安心します。そして何よりも、その対応は顧客に「星野リゾートのホスピタリティは最高だ」という強い記憶を残し、それがクチコミなどで拡散されることで、多くの人に「星野リゾートといえば、最高のホスピタリティ体験ができる」という期待・イメージとして伝播していきます。これはほかのホテル事業者にはなかなか真似できないことだと実感しました。

一方で、パーパスはブランディングに絶対的に必要なものではありません。サステナビリティ・ブランディングにおいては、あくまでソーシャルグッドが起点です。とはいえ、明確で魅力的なパーパスを打ち出すことができれば、顧客のみならず、社員なども含む多くのステークホルダーから共感を得やすくなるのは確かです。ソーシャルグッドとパーパスを接続させ、内発動機に沿ってブランド戦略を設計する。パーパスの打ち出しを上手に使っていくことで、ブランドを飛躍的に加速させることが可能になります。

同じソーシャルグッドな取り組みを行うにしても、パーパスを掲げていることで、「散発的な取り組みではない。パーパスに基づいて行動しているんだ」という企業としての姿勢がアピールでき、それが信頼へとつながっていきやすいのです。

ただし、掲げた以上は企業活動の足並みをパーパスに揃えなければなりません。たとえば、パーパスで「我々の製品には世界を平和にする力がある」と謳っているのに、「上司が旧態依然のやり方で部下の提案に耳を傾けない」という姿勢では、社員のモチベーションをむしろ下げることになります。

また「私たちは、すべてのお客様に感動の購買体験を約束します」と謳っている企業が、ホスピタリティに欠ける店舗の雰囲気や通り一遍なマニュアル対応感を出せば、パーパスによって期待値を上げてしまっているがゆえに、お客様を大きく失望させることになります。

推進に不可欠な社内の共通認識

サステナビリティ・ブランディングを経営の軸として機能させていくには、どうしたらいいのでしょうか。広告によるイメージづくりがブランディングの本質ではない、サステナビリティ・ブランディングは、予測不能な時代を生き抜く経営戦略そのものであると聞いても、なかなか実感できない人が多いと思います。

その理由は一つではありませんが、ブランディングやサステナビリティに関係するほとんどの用語が欧米からの〝輸入品〟で、定義が曖昧なまま使われていることが要因の一つといえるでしょう。

また、コンサルタントや各部署の持つバックボーンの違い（ブランド畑、マーケティング畑、戦略コンサルティング畑、ＨＲ／組織人事畑など）により、同じ行動や考えが別の言葉で語られているケースも少なくありません。たとえば、「ユニバーサル・スタジオ・ジャパン（ＵＳＪ）」や「丸亀製麺」を再生させた森岡毅氏の肩書はマーケターですが、私から見るとその取り組みはブランドコンサルティングそのものです。場当たり的なマーケティングではなく、経営者を動かし、ブランドを事業戦略はもちろん、機能戦略・組織戦略にまで落とし込むことができているからこそ、大きな成果につながっています。

ここでいう事業戦略とは、「誰に（ターゲット）、何を（提供価値）、どのように（提供手段）届けるために、リソースをどう活用するか（投資判断）」を指します。そして、機能戦略・組織戦略とは、「事業戦略をドライブさせることに最適化された強い会社組織や仕組みづくり」を指します。ブランド用語でいえば、まさにブランド戦略〜インナー／インターナルブランディング〜アウター／エクスターナルブランディングが、一貫性と継続性を持って展開されている状態です。だからこそ、熱狂的なファンを生み出し、長期的に利益を上げ続けられているといえます。

このように言葉などの解釈や使い方が異なるまま、社内でパーパスの策定やサステナビリティ・ブランディングに取り組もうとしても、議論がかみ合わず、本質を突き詰めることができません。営業や広報とサステナビリティ推進室、また経営層でも、ブランドやパーパス、サステナビリティといった言葉に、異なるイメージを思い浮かべるはずです。さらに個人個人でもイメージが異なるでしょう。

そこで、サステナビリティ・ブランディングを進めるにあたって、最初に取り組むべきことは、こうした用語の概念や定義について、社内で共有化を図ることです。サステナビリティと言われて、人によって思い浮かべることが「パーパスを作ること」「ＳＤＧｓを実践すること」「環境関連の投資を加速すること」「従業員のエンゲージメントを高めること」などバラバラな状態では、議論をすることも方針を見出すことも、同じ方向を向くこともできるはずがありません。まして消費者や投資家の支持を獲得することなど不可能でしょう。

言葉が通じれば、議論もできますし、足並みも揃えられます。それがサステナビリティ・ブランディングを成功に導く第一歩です。

以下に、サステナビリティ・ブランディングを推進していくうえで必要な用語の定義を、特に混同しやすい用語との違いに焦点を当てて紹介していきます。すでに何度か登場している用語についても、ここでいったん整理する意味で再度簡単に取り上げます。

あくまで私が考える定義ですので、みなさんの考えとは違っているかもしれませんが、社内で共通認識を作っていくうえで参考にしていただければと思います。

共通認識①　ブランド関連

◆ブランドとブランディング

すでにお話ししましたが、改めて整理します。

ブランドとは、ステークホルダーが頭の中で思い描く期待価値のこと。「手土産の定番といえば、とらや」など、特定のネーミング（識別記号）に対して抱くポジティブな想起そのものともいえます。こうしたポジティブな想起がステークホルダーの頭の中に常に呼び起こされる存在になることが、情報化・オンライン化が進んだ現代社会では重要性をさらに増しており、大きな競争優位となるのです。

ブランディングは、ステークホルダーの頭の中に、期待価値やポジティブな想起を呼び起こすためのあらゆる企業活動のことです。事業戦略そのもの、パーパス、経営トップのメディアでの発言、現場の営業担当者の振る舞い、接客サービス、店舗設計、商品パッケージ、広告宣伝、ＣＳＲやＳＤＧｓへの取り組み、サステナビリティ方針、投資家・株主に向けたＩＲ資料まで、ブランディングと無縁の企業活動はないといっても過言ではありません。

だからこそ、ブランド戦略は経営そのものなのです。

◆アウターブランディングとインナーブランディング

アウターブランディングは、社外ステークホルダーとのあらゆる接点で行う、ブランド訴求のこと。

インナーブランディングは、社内ステークホルダーに向けて自社のブランド価値を伝え、浸透させ、ブランド価値へのコミットメントを高め、ブランドの体現・実践を推進する活動のことです。

ブランド戦略というと、どうしてもアウターブランディングに注力しがちです。しかし、アウターブランディングを実際に推進していくのは、現場の社員たちです。トップがいくら見栄えのいいブランド戦略やパーパスを掲げても、社員の納得や共感が得られないままでは、うまくいくはずがありません。

アウター偏重のブランディングは目先の業績向上には貢献しますが、社員が取り組む価値を見出せないままやらされているだけなので、「続けていこう」という機運が生まれず、一過性で終わってしまいます。

そういう意味で非常に重要なインナーブランディングの具体施策として、ブランドやパーパスを自分の業務に落とし込むために、ワークショップや研修の実施や、ブックやカードのようなツールを制作・展開する企業は多いのですが、それだけでインナーブランディングが成功したという事例は、じつは非常に少ないということもぜひ知っておいていただきたいと思います。

たとえば、ワークショップを実施した結果、実際の業務で「このサービスはブランド価値にそぐわないからやめたほうがいいかもしれない」と感じていても、目標管理が売上・利益至上主義で設計・運用され、人事制度（特に評価制度）も業績的な定量目標に大きな比重を置いて設計されていると、目の前の売上を減少させることになるかもしれないというリスクを感じた時点で口をつぐんでしまうことになります。そういう意味で、ワークショップなどを通じた意識浸透だけでなく、目標管理や人事制度などのルール設計も含めた取り組みがインナーブランディングには不可欠といえます。

◆CI・VIとブランディング

ある年代以上の方になると、「ひと昔前によく使われていたＣＩとブランディングはどこが違うのか」と感じている人もいるかもしれません。

ＣＩとは、コーポレート・アイデンティティの略で、企業の特色、独自性を印象づけるための活動のことをいいます。１９９０年代まではよく使われていましたが、２０００年代以降はブランディングの一要素として位置づけられることが増え、その座を取って代わられた形となっています。

本質的には、ＣＩとブランディングは同根のものです。本来ＣＩは、多くの産業・業界でプレイヤーや商品サービスが増加し、差別化が非常に困難になる中で、より明確に自社のオリジナリティを可視化することで、独自のポジショニングを獲得するための手法として登場しました。経営理念などを軸にコンセプトを規定し、それに合わせてロゴなどのＶＩ（ビジュアル・アイデンティティ）に落とし込み、企業としてのメッセージを強く打ち出していくためのもの、と言い換えてもよいでしょう。

ただ、日本では本来は手段であったはずのＶＩが、「ロゴマークを新しくすること」と目的化してしまい、ＣＩはその前提として定めるもの、という考え方が定着してしまった感があります。

そのため当社では、中長期の視点で事業戦略に落とし込んでいくブランド戦略と、その遂行としての企業活動全般をブランディング、その軸となる概念をブランドコンセプトと定義していますが、この場合のブランドコンセプトとＣＩは実質的に同一のものとしています。そして、その特徴をロゴやキービジュアル、ステートメントなどのビジュアルで表現していくことをＶＩと呼んで区別しています。

共通認識②　サステナビリティ関連

◆サステナビリティ経営とサステナビリティ・ブランディング

本来のサステナビリティ経営は、中長期にわたって利益を上げ続け、会社を存続させていく経営のことをいいます。脱炭素対策だけを指すものではない、というのが大きなポイントです。

このサステナビリティ経営を実現するのが、サステナビリティ・ブランディングです。ソーシャルグッドな企業のアクションを顧客、取引先、社員、株主などあらゆるステークホルダーに向けて発信して共感を集め、内外の環境がいかように変化しても、協力関係が築けるようなファンを作っていくことをいいます。

このサステナビリティ・ブランディングを経営戦略と接続することが、本物のサステナビリティ経営の実現につながります。

◆サステナビリティ、ESG、SDGs

いずれも後ろに「経営」がついてサステナビリティ経営、ESG経営、SDGs経営などと呼ばれることがあり、何がどう違うのかわからないという声をよく聞きますが、その感覚は正解です。いずれも経済価値と社会&環境価値を両立させていくという意味合いにおいては大きな違いはありません。

ただ、ESGとSDGsは、位置づけが多少異なります。ESGは「企業が」「企業や投資家を対象に」「企業価値の向上を」重視するマネジメントの対象となっています。一方、SDGsは「国・企業・個人などのあらゆる人が」「あらゆるステークホルダーを対象に」「世界の持続可能性を高めるために」定められた開発目標です。

では、サステナビリティとESG、SDGsとの位置づけはどうなっているのでしょうか。

本書が定義するサステナビリティ・ブランディングは、「企業が」「企業の持続的成長可能性を高めるために」取り組むべきもの、としている点ではESG寄りの考え方といえます。その半面、対象を「あらゆるステークホルダー」にまで広げて考える点ではSDGsに近いといえるでしょう。

図表 2-1　サステナビリティとESG、SDGsの関係

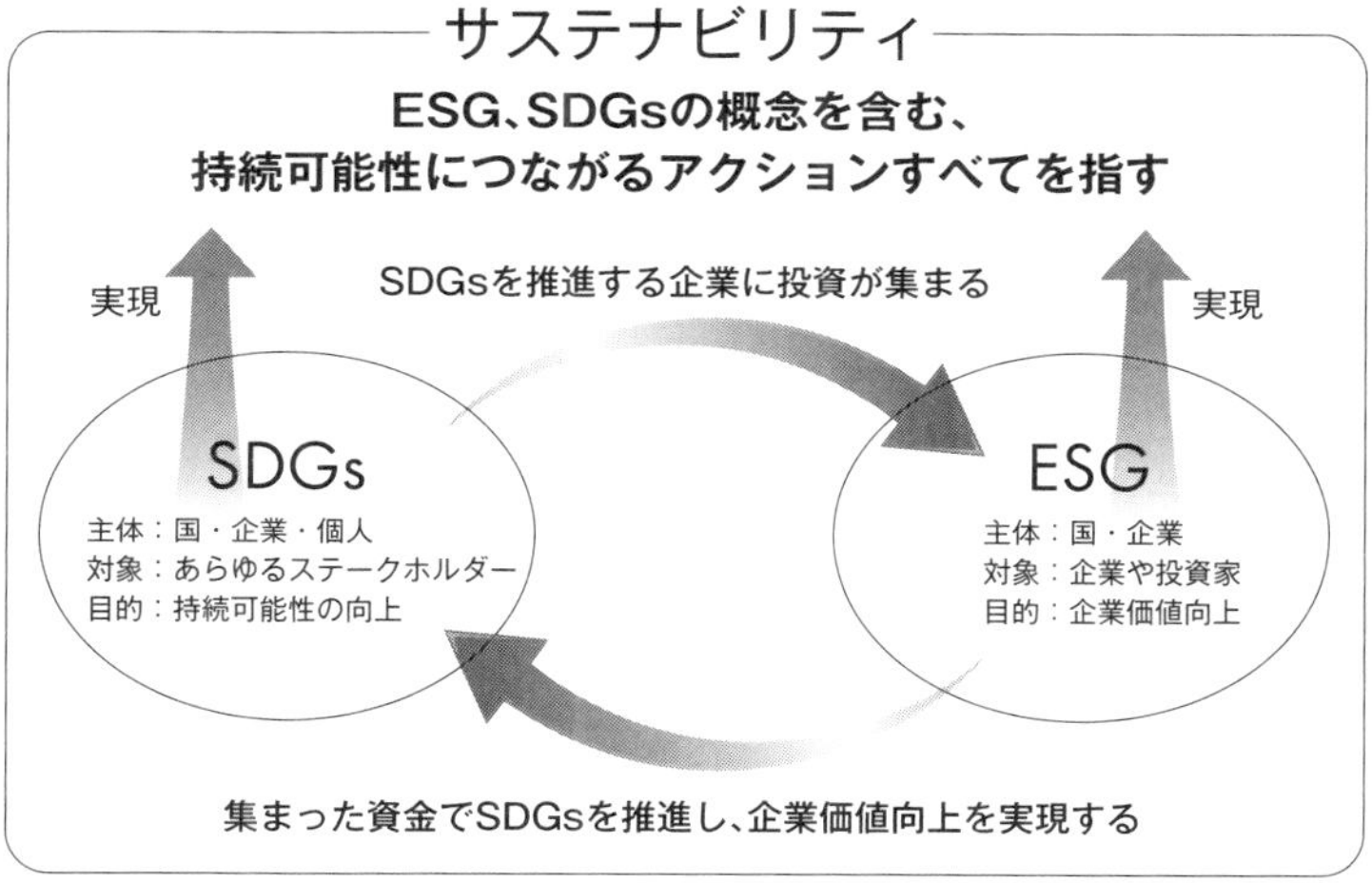
サステナビリティ
ESG、SDGsの概念を含む、
持続可能性につながるアクションすべてを指す
実現
SDGsを推進する企業に投資が集まる
実現
SDGs
主体：国・企業・個人
対象：あらゆるステークホルダー
目的：持続可能性の向上
ESG
主体：国・企業
対象：企業や投資家
目的：企業価値向上
集まった資金でSDGsを推進し、企業価値向上を実現する

つまり、サステナビリティとは、ESGとSDGsをも含んだ包括概念と考えるのが妥当です。というよりも、むしろ積極的にそのように捉えるべきなのです。

企業がサステナビリティに取り組む際には、これらの定義を厳密に区別することよりも、それぞれの違いや考え方を認識することが肝要です。そのうえで、企業経営にも経済価値だけでなく社会・環境価値が不可欠であり、これらの価値を高めていくことが企業の持続的成長可能性を最大化することを、経営者がまず理解し、社員が腹落ちするまで繰り返し説明していくことが求められます。

◆ソーシャルグッドとサステナビリティ、ESG、SDGs

また、サステナビリティ、ESG、SDGsに関連した取り組みは、社会によい影響を与える「ソーシャルグッド」という概念で一つにまとめることができます。

CSR（企業の社会的責任）やCSV（共通価値の創造）などの取り組みも、このソーシャルグッドの中に含まれるものです。

CSRは利益の一部を使って行われるもので、たとえば、植林や清掃活動などがそれにあたり、「公益」「ボランティア性」が高いのが一般的です。CSVはフードロスの解消など、企業が利益を追求しながら、社会課題解決によって顧客利益をも生んでいくという考え方であり、その仕組みを構築していく手法です。

サステナビリティやSDGsの広がりでCSRやCSVを引っ込めてしまう企業もありますが、これらももちろんソーシャルグッドな取り組みの一つです。

たとえば、本格芋焼酎で名高い宮崎県の「霧島酒造」は、「2030年度までに工場と事務所からのCO_2排出量を実質ゼロにする」という高い目標を掲げていることで知られています。それまでも、CSR活動の一環として製造過程で出る焼酎粕のリサイクル活動などを展開していましたが、サツマイモの粕から出るエネルギーだけでは、いくら努力を重ねても、焼酎製造に関わるCO_2をゼロにすることはできません。

そこで、ほかの焼酎メーカーから焼酎粕を受け入れ、さらに低温物流を手がけるニチレイロジグループ本社とリサイクル活動で協働運用を開始しました。ニチレイロジグループの食品クズを受け入れることで、本気でCO_2ゼロに取り組む姿勢を打ち出しました。このほかに、サプライチェーン全体のCO_2削減にも着手し始めています。

削減量が足りないからと、安いカーボンクレジットを買ってオフセット対応しようとするのではなく、自分たちができる環境価値向上を考え抜き、地域や同業他社、サプライチェーンを巻き込み行動・発信したことが、自社だけでは達成不可能なより大きな環境貢献、ソーシャルグッドな取り組みとして注目されています。

このように、ブランドが打ち出す活動やストーリーと絡めて発信していくことで、単に「リサイクルをしています」というよりも、ステークホルダーに届きやすくなるのです。

社会に求められるから取り組むのではなく、自社の価値観として社会的に大切だと思っていることを、自社のために取り組む。それが顧客にとっても価値のあることであり、企業価値向上につながると同時に、地球の持続可能性を高めることにまでつながっていく、というスタンスとストーリーが共感を生むポイントです。

共通認識③　経営関連の用語

◆パーパス、ミッション、ビジョン、バリュー

現在のようにパーパスが注目されるようになったのは、前述のとおりブラックロックの発言のあった2019年以降です。

・パーパス

「社会的存在意義」のこと。企業・ブランドが社会の中で、なぜ存在するのか（Why）、どんな社会的価値を提供するために存在するのかを表したもの。

サステナビリティ意識の高まりで、企業活動の社会的意義が重視されるようになったことで、企業の存在意義を社内外のステークホルダーにわかりやすく表現するものとして、パーパスの策定が求められるようになりました。新たな投資基準として、また在宅勤務の広がりで社内の一体感が醸成しにくい状況が生まれたことから、パーパスへの共感を社員のエンゲージメントにつなげたいという企業も増えています。

パーパスと似た概念に、ミッション、ビジョン、バリューがあります。

パーパスはミッションと本質的に同根ですが、ソーシャルグッドを起点に、内発動機に沿って、より明確な意思の表明として言語化されるべきもの、という点で従来の典型的な日本企業のミッションとは一線を画したものになることが期待されています。

・ミッション

「使命」のこと。パーパスを実現するために、何をするのか（What）、企業・ブランドが行うこと（to do）は何かを表したもの。

・ビジョン

「目指す姿」のこと。パーパス実現のプロセスにおいて、いつまでにどこを目指し（When&Where）、どんな状態（to be）を達成するのかを表したもの。

・バリュー

「価値観」のこと。パーパス、ミッション、ビジョンを実現するために、どんな（How）価値観を大切にして、日々行動するのかを表したもの。

以上が一般的な定義ですが、「パーパスとの違いがよくわからない」という声がよく聞かれます。ここを曖昧なままにしておくと、パーパス策定が迷走し始めてしまいますので、もう少し詳しく見ていきましょう。

◆パーパスとミッションおよび経営理念との違い

なかでも、パーパスとミッションは、切り分けるのが難しい概念です。実際にパーパスやミッションを策定していく際、よくあるのが「パーパスの中にミッションの要素が入ってきてしまう」という悩みです。

「クリエイティビティとテクノロジーの力で、世界を感動で満たす。」

先ほど挙げたこのソニーのパーパスも、

・なぜ存在するのか（Ｗｈｙ）↓世界を感動で満たすため
・何をするのか（Ｗｈａｔ）↓世界を感動で満たす

というように、「世界を感動で満たす」がパーパスとミッションの両方にかかってきます。

ソニーでは、このパーパスの下にミッションが設定されていないため、明らかに「パーパスにミッションが含まれている」ということに自覚的です。

ここで重要なのは、何がパーパスで、何がミッションか、ラベリングすることではありません。社会的存在意義（Ｗｈｙ）と使命（Ｗｈａｔ）が含まれているか、そして社内でその意思統一が図れているかどうかです。

明確にパーパスとミッションを切り分けて策定してもいいですし、ソニーの例を見てもわかるように、社会的存在意義（Ｗｈｙ）と使命（Ｗｈａｔ）が含まれていれば、一つにまとまっていてもいいのです。その場合、そこにパーパスというラベルを貼っても、ミッションというラベルを貼っても、どちらでも構いません。

また、これまで日本企業では、経営理念やミッション、ビジョンはあっても、パーパスがないというのが一般的でした。

ただ、とらやの経営理念「おいしい和菓子を喜んで召し上がって頂く」には、

・なぜ存在するのか（Ｗｈｙ）→おいしい和菓子を喜んで召し上がっていただくため

というように、しっかりと社会的存在意義が織り込まれています。

とらやのように、これまで使っていた経理理念の中に、社会的存在意義（Ｗｈｙ）が含まれているのなら、無理に新たなパーパスを作る必要はありません。

たとえば、「ＭＳ＆ＡＤホールディングス」のように、「経営理念とは別に『パーパス』を設定する動きもみられますが、当社グループの経営理念（Mission）は平易でわかりやすく存在意義を示しており、また、すでにグループ内に浸透しているため、当社グループでは『パーパスは経営理念と同一である』と定めています」と宣言している企業もあります。

ただし、前述のとおり、パーパスが求められている背景や、日本企業の多くが掲げるミッションが「曖昧で抽象度が高い」「総花的でメッセージが弱い」などと言われていることを踏まえると、本質的には同じものであっても、あえてパーパスとして掲げる以上、自社らしさや社会価値が明確に込められており、表現としても内発動機（企業としての意志）が明確に感じられるものであることが大事です。

◆パーパスとビジョンの違い

パーパス（およびミッション）とビジョンは時間軸が異なるため、この2つは明確に切り分けて策定したほうがよい概念です。

パーパスやミッションは長期視点に立った社会的存在意義、使命を示しますが、ビジョンは「2030年ビジョン」などのように、それより短い5〜10年という中長期の視点で、具体的な事業活動に落とし込めるように表現することが求められます。

◆サステナビリティ・ブランディングとパーパス・ブランディングなどとの違い

従来のブランディングは「ターゲットが求めているのはこの商品」というように、〝顧客起点〟で提供価値を設計していました。そこに含まれるのは、「経済価値」「顧客価値」のみです。

それに対し、パーパス・ブランディングとサステナビリティ・ブランディングには、「経済価値」「社会&環境価値」「従業員価値」の3つが含まれています。

「私たちは社会にこういう価値を提供します」「こんな取り組みをしています」と、商品ではなく、ソーシャルグッドな決意や企業活動をアピールすることで、顧客や社員の支持を得ていくという点では、両者は同じです。違いはブランド設計時の立脚点にあります。

パーパス・ブランディングが〝パーパス起点〟で製品開発からブランド設計、店舗での接客に至るまで、すべての企業活動の足並みを揃えていくのに対し、サステナビリティ・

ブランディングは〝顧客起点〟でブランド設計を行います。企業がブランド価値を届けたいターゲットに向けて共感を呼ぶ取り組みを発信し、中長期で競争優位を生み出していくのが、サステナビリティ・ブランディングです。

また、サステナビリティ・ブランディングにおいて、パーパスは必須の要素というわけではありません。自分たちの社会的な存在意義を宣言するパーパスへの共感をブランド設計に取り込むことで、ブランディングを加速させていく大きな力になることは確かであり、一からパーパスを練り直し、ブランド設計と接続していくのが理想ですが、パーパスがなくても「顧客にとってのソーシャルグッドは何か」を突き詰めていけば、結果的にパーパスのようにブレない軸が見つかります。

顧客にとってのソーシャルグッドを突き詰める

「サステナビリティ・ブランディングなのに顧客起点？　社会課題を起点にするのではないのか？」と思った方もいるかもしれません。しかし、サステナビリティ・ブランディングの第一の目的は社会課題の解決ではなく、顧客に選ばれ、企業価値向上を実現していくことにあります。

どうしてもサステナビリティという言葉のイメージから、「うちの商品やサービスで、どんな社会課題が解決できるだろうか」という思考になりがちですが、プロダクトブランディングであれ、コーポレートブランディングであれ、「顧客にとってのソーシャルグッドは何か」を起点にして考えていくのが大前提です。ブランドを届けたい顧客の期待価値を高めることがブランディングの目的であることを忘れてはいけません。

P&Gのシャンプーブランドの一つに、1945年に発売された息の長い商品「パンテーン」があります。

2018年にブランドメッセージを「さあ、この髪でいこう。#HairWeGo」に一新し、就活生の髪型に問題提起した「#この髪どうしてダメですか」キャンペーンなどを展開し、長らく低迷していた売上をV字回復させました。

当時のパンテーンの課題は、若年層の開拓でした。そこで、若い世代が感じている社会課題をすくい取って形にしたことで、共感を得たのです。

「今、社会で問題になっていることって何だろう」「SDGsに関連していそうな課題って何かな」という社会問題起点ではなく、「就活生にとってのソーシャルグッドとは何か」

「就活生が問題だと思っていることは何だろう」というブランドターゲットを起点に発想していくことが共感を生み、売上につながっていくブランディングの鉄則です。そのことが、ブランド価値の向上にもつながっていきます。

サステナビリティ・ブランディングでは、「顧客」と「社員」は一体

また、サステナビリティ・ブランディングにおいては、「顧客」と「社員」は一体のものとして考えなければいけません。そのブランドが現場の社員に共感されなければ、一貫・継続した取り組みにならず、容易にぶれてしまうからです。

そこで大切になってくるのが、インナーブランディングです。

従来のブランディングは、社外に向けたアウターブランディングに偏っていました。しかし、ステークホルダーとのあらゆるタッチポイントで一貫した取り組みが必要になるサステナビリティ・ブランディングでは、社内に向けて自社のブランド価値やパーパスを浸透させ、日々の業務に落とし込んでいくインナーブランディングが重要です。

トップがいくら見栄えのいいブランド戦略やパーパスをぶち上げても、社員の納得や共

感が得られないままでは、うまくいくはずがありません。

「サッポロビール」では、コクやキレを謳う商品CMとは異なるアプローチとなる企業CMを打ち、話題を呼びました。

コロナ禍でライフスタイルが変化する中、「作ろう、新しいお酒の形を。広げよう、新しいお酒を楽しむ場所を、時間を。開拓しようお酒の可能性を」と宣言するサッポロビールの企業CMは、「新しい楽しさ・豊かさを　お客様に発見していただけるモノ造りを」という経営理念の表明でもありました。

商品そのものをアピールするより「ビールはほかのブランドが好きだけど、サッポロって何かいいよね」と、消費者を振り向かせる力があるのはもちろんのこと、何よりこのCMで勇気づけられたのは社員ではないでしょうか。若者はお酒を飲まなくなり、お酒を楽しむ場も減っている。そんな中でこのCMを見たら、鼓舞されるに違いありません。実際、サッポロビールのマーケティング責任者は、「企業広告は99％社員に向けて発信している」とインタビューに答えています。

アウター偏重のブランディングは目先の業績向上には貢献しますが、社員が取り組む価値を見出せないままやらされているだけなので、「続けていこう」という機運が生まれず、一過性で終わってしまいます。
そういう意味で、ワークショップなどでの意識浸透だけでなく、制度設計も含めた取り組みまでがインナーブランディングといえます。

一貫したストーリーが選ばれるカギ

このように、顧客と社員からの支持を前提として、多くのステークホルダーの共感を集め、一貫したソーシャルグッドなストーリーを描いて強いブランドで勝ち続けていくのが、サステナビリティ・ブランディングです。

この先、どのような環境変化があるのか予測不能な時代の中で、誰かを犠牲にするような企業活動に嫌悪感が強いZ世代の心をつかむには、企画から製造、営業・販売、広告宣伝、雇用・働き方まであらゆるタッチポイントで、ソーシャルグッドな企業活動を展開していくことが必要になってきます。

とはいえ、サステナビリティ・ブランディングで強いブランドを作ろうと試みる企業の前には、多くのトラップが待ち受けています。次章では、「企業が陥りがちなブランド力

2

サステナビリティ・ブランディングとは？

を毀損する7つの過ち」について解説しながら、その過ちをうまく回避し、発想を転換して効果的なブランディングにつなげている事例も併せて紹介していきます。

3章

ブランド力を毀損する7つの過ち

陥りやすい7つの誤ったブランド戦略

日々、多くの企業のブランド戦略をお手伝いする中で、よかれと思って取り組んでいる施策がブランド価値を毀損していたり、ブランドの考え方への誤解から、誤った発信でステークホルダーの支持を失ったりするケースをたびたび目にしてきました。

本書を手にされている方は、経営者や広報・PR、経営企画、ブランド戦略、サステナビリティ推進室など、部署や立場はさまざまだと思います。しかし、部署や立場は異なっていても、みなさん同じようなところでつまずき、苦心されています。

そこで本章では、みなさんがよくご存じのブランドや、私がコンサルティング業務の中で見聞きしてきた事例をもとに、企業が知らず知らずのうちに陥りがちな過ちを、7つに集約してお話ししていきます。

第一の過ち　売上・利益至上主義
第二の過ち　自社のブランド価値を高めることへのあきらめ
第三の過ち　「よいものを作ればブランドは育つ」という信念

第四の過ち　「ブランディングは魔法の杖」という勘違い
第五の過ち　一貫性のない意志なき経営
第六の過ち　「ブランディング＝広告宣伝／イメージ広告」という思い込み
第七の過ち　「ブランディングは特定部署の業務」という誤認

サステナビリティ・ブランディングの実現には、自社のブランドを毀損するこれらの過ちを、取り除く必要があります。

とはいえ、いずれも既存の考え方や習慣を大きく転換するのですから、険しい道のりであることは確かです。まず必要なのは社内の理解であり、目的を一つとする協力体制の構築です。

７つの過ちと同じ轍を踏まないようにするのはもちろんのこと、社内ミーティングや勉強会でこうした情報を発信して共有し、サステナビリティ・ブランディングに全社一丸となって取り組む機運を醸成していくことも大切です。

では、各過ちを一つずつ紐解いていきましょう。

▼第一の過ち　売上・利益至上主義

顧客獲得のための新製品の乱発がブランド価値を損なう

株主第一主義の時代には、とにかく売上や利益の拡大を追求し、店舗や施設の数を増やし続けることが企業の使命でした。

ところが、時代がサステナビリティを重視するようになり、企業経営もコペルニクス的大転回を迫られる中、サステナビリティ方針を打ち立てて脱炭素に対応するのが精いっぱいというところが少なくありません。多くの企業が長らく染みついた利益至上主義や規模的な拡大至上主義から、なかなか抜け出せずにいます。

言うまでもないことですが、利益を増やすには、売上を伸ばすか、経費を削減するしかありません。そして、売上を伸ばすには、顧客数を増やす以外には、商品単価を上げるか、新商品を投入して新規需要を掘り起こすかの二択となります。

商品単価を上げるのは、日本では簡単なことではないといわれています。バブル崩壊で消費が急激に冷え込んで以降、日本国内は多少の経済的なアップダウンはあれども、総じて経済低成長時代が続いており、値上げに対する心理的な抵抗感が生まれやすくなっているからです。

そうなると、どうしても新規需要を求めて新商品の投入すなわち商品数を増やすことになります。もちろん、新規需要の開拓は大切ですが、このときに選択を誤る企業が後を絶ちません。自分たちの強みを活かせる分野以外で勝負しようとしてしまうのです。

ある老舗の洋菓子メーカーは、良質な素材をふんだんに使った、シンプルな焼き菓子で高い知名度を誇っています。しかし、新しい顧客を開拓しようと、これまでのノウハウを活かし切れるとはいえないチョコレートやケーキを手がけ、ほとんどの商品が2年も経たずに消えていく負のスパイラルにはまり込んでいます。

たしかに一時的な話題にはなりますが、チョコレートならチョコレートを、ケーキならケーキを主戦場にしているメーカーがあるわけですから、生半可な戦略で新規参入しても、そう太刀打ちできるものではありません。

勝てないとわかっていながらも、企業が無謀な賭けに出るのは、「それでも新たな市場から少しくらいは顧客や売上をかすめ取れるのではないか」という拡大を第一とする考えから脱却できていないからです。もしくは、経済が右肩上がりで、マーケティング施策が有効に機能していた過去の成功体験にとらわれている場合もあります。

売上や利益といった定量指標のみにとらわれていると、企業やブランドとしての本質的な強みを見失ってしまいます。前述の老舗洋菓子メーカーの例でいえば、新商品が売れないだけではなく、中途半端な商品を出すことで、もともと持っていた「良質な原材料を使っている」「シンプルな商品だからこそ誰もが実感する圧倒的な品質とおいしさ」というブランドの価値を損ないかねないのです。

良質な原材料を使っていることを強みとして、百貨店に足を運ぶちょっとした贅沢に価値を見出す顧客をメインターゲットとしていたのに、安易に利益追求に走ると、「原材料を低コストなものに切り替え、利益率の高い商品を作ろう」「売上を伸ばすには、顧客層や販売チャネルを増やすしかない」といった思考に陥りがちなのです。

不得意分野への参入で成功を収めた「メルセデス・ベンツ」

一方で、新たな事業の柱を作る目的で、目先の売上に一喜一憂せず、勝つまで長期的に取り組み続けられるのであれば、得意分野以外への参入が必ずしもいけないわけではありません。

不動のブランドイメージを築いている「メルセデス・ベンツ」ですが、顧客層の拡大を狙って日本市場に投入したモデルはいずれも、発売当初は酷評されて業績も低迷しました。欧米では幅広い価格帯の車をラインナップしていることで知られる同社ですが、日本では「クラス感のある高級車ブランド」というイメージが定着していたからです。

そんなメルセデスが、顧客層の拡大を目指し、1993年に発売したのが400万円台から手に入るCクラスです。

得意分野とする重厚感ある高級車とは異なる、カジュアルで軽快な走りを売りにしたモデルでしたが、「国産の4ドアセダンよりダサい」「ドアの開閉音などにこれまで感じられていた重厚感がない」など、さんざんな評価を受けました。

続いて、コンパクトカーのAクラス、ワゴン車のBクラスなど、高級路線とは一線を画すモデルを次々と発売し、モデルチェンジを繰り返しながら、それぞれが人気車種に育ち、業績を牽引する存在となっています。

たとえばAクラスは、小さいながらもEクラスと同等の衝突安全基準を確保することを目指しますが、その安全性能を実現するために施した工夫により、重心高となり、走行テストで横転事故を起こしてしまいます。

もちろん、発売時には対策済みでしたが、勢いに乗れず、3代目はオーソドックスなコンパクトカーへと転換。300万円台を切る価格も手伝って、ようやく人気を獲得し大ヒットとなりました。

2022年には、高収益モデルやEVモデルの拡大に注力するため、Aクラス、Bクラスの廃止を発表します。高級車という原点に立ち返って利益を確保しながら、サステナビリティ社会への移行に対応しつつ、未来に備えて継続的に利益を上げていこうという方針にシフトしたことが見て取れます。

また、近年ではショールームを「車を購入する場所」ではなく、「雨が降ったとき遊園地に行く代わりに立ち寄れる場所」として位置づけ、セールススタッフではなく、ブランドの魅力や車の特徴に詳しい「プロダクトエキスパート」と呼ばれるスタッフが対応するなど、利益追求だけではないファンづくりにも力を注いでいます。

利益を上げることはもちろん大事ですが、それだけではブランドコンセプトやターゲット（148ページ）のブレを招いてしまいます。

これまで接点のなかった消費者がお菓子を買ったり車を買い替えたりするときに、まずは購入の候補に入れてもらえることを目指す。そのための競争優位は、常に自社の強みを起点に練り上げていく。こうした中長期の視点でサステナビリティを意識したブランディングが、これからは求められているのです。

▼第二の過ち　自社のブランド価値を高めることへのあきらめ

短い寿命の新商品を乱発する前に、自社の「当たり前」を見つめ直す

なかには、自分たちの強みである主力商品を「古くさい」「時代についていけていない」と決めつけ、「だから自分たちのブランドに価値などない」とあきらめてしまっている企業もあります。

先ほど例に挙げた洋菓子メーカーが典型的ですが、中途半端な商品を出すくらいなら、主力商品を若い層に広げるためにＳＮＳ広告を打つなどの方向で勝負する。あるいは、「良

質な素材を使った焼き菓子」という強みはそのままに、若い層向けの商品を開発するほうがよほど効果的だとする声が多いにもかかわらず、自分たちの商品は若者に受けないと思い込んで、強みを手放し、勝ち目のない戦いに参入してしまうのです。

こうした過ちを防ぐには、自社の歴史や自分たちが取り組んできた仕事を丁寧に振り返ることが大切です。自社で当たり前とされてきたことが、他社にはない強みであることに気づけるはずです。

価格競争で失っていた自分たちの強みを、原点回帰で取り戻した「湖池屋」

ポテトチップスで知られる「湖池屋」は、スナック菓子でトップシェアを誇る「カルビー」の低価格戦略に巻き込まれ、業績が低迷していました。

「うちの企業規模ではあの価格で勝負するのは到底無理」と半ばあきらめに近い状況が続いていましたが、「このままではいけない」と、2017年に開発したのが大人向けの「プライドポテト」という商品です。これが素材そのもののよさを引き出した贅沢なポテトチップスとして大ヒットし、次世代の事業の柱に成長しました。

開発の原動力は、創業時の基本に立ち返った「原点回帰による気づき」でした。湖池屋は1962年に「ポテトチップスのり塩」を発売し、その5年後には独自に開発したフライヤーを使った高温短時間調理によって、日本で初めてポテトチップスの量産に成功しました。価格競争で他社の顔色をうかがうのではなく、時代の先駆者だった創業時の基本に戻り、現代でも通用するプレミアムなスナック菓子を作ろうという狙いから、「プライドポテト」が誕生したのです。

同時に、社名をフレンテから湖池屋に戻し、ロゴも一新します。さらに、スナック菓子には若い力が必要であるとして、2年連続して人事評価で「S」を獲得すると、飛び級といって若くして昇進できるよう評価制度の改革にも着手しました。

原点回帰で自分たちの強みを再確認し、製品開発、CI、評価制度などが一体となって強いブランドを作り上げていく。つい目の前の売上を得るために次から次に新しいことに手を出したり、価格競争に終始して自社の強みを突き詰めることを忘れていたりしないか、まず考えていくことが大切です。

「おもしろ蛇口」でブランディングに成功した中小企業「カクダイ」

一方、「そもそもブランディングは大企業がやるもの」という中小企業の方もいらっしゃるかもしれません。しかし、それは大きな誤解です。商圏が狭い、特定のお得意様だけを相手にしている、他社と明確に差別化できる商品が少ない、といった中小企業では、かえってブランディングの効果が出やすいといっても過言ではありません。

情報発信をしても、どうせ誰も注目しないと考えるのは大きな間違いです。商圏が狭いからこそ認知されやすく、新しい試みを広く発信してファンを作ることができれば、不毛な価格競争から抜け出すことも可能になります。

大阪の水道用品メーカー「カクダイ」は、２０１２年から上下逆に見える蛇口や、食品サンプルを使ったおでん型の蛇口といった「おもしろ蛇口」をＷｅｂカタログで発表し続けています。

もとは、大手メーカー製品の代替蛇口や交換部品の製造・販売を手がけていましたが、規制が緩和されて各メーカーが独自の規格で蛇口を製造するようになり、さらには自社で交換部品の販売を開始し、交換部品市場は縮小傾向にありました。

そこで、オリジナル蛇口の製造を開始したものの、おしゃれなものは大手メーカーや海外メーカーをデザイン面でも価格面でも超えることができず、独自路線を目指そうと考え、売り出したのが、関西の企業らしさを活かした「おもしろ蛇口」でした。

最初は、取引相手である設計事務所や住宅設備工事会社が、事務所のトイレなどに面白がってつけていたのが、飲食店などの店舗演出に使われるようになり、SNSなどでも話題になって、次第に認知度を高めていきました。

通常、蛇口の価格は1500円程度ですが、おもしろ蛇口では一律1万円に設定したところ、それでも引き合いがあったのも、新たな発見だったといいます。ただし、蛇口のような商品は、金型を作って大量生産するからこそ利益が出るものなので、複雑な金型の開発に数百万円かかるおもしろ蛇口は、トータルでは赤字事業となっています。

それでも続けているのは、売上や利益ではなく、おもしろ蛇口がもたらす副産物の大きさに理由があるようです。

複雑な形を手がけることで技術力が格段に向上したこと、挑戦できる環境で開発者のモチベーションが高まったことに加え、大きく伸びているリフォーム需要で、こだわりのある家を希望する施主がイレギュラーな部品を必要としたときに、そうしたニーズに対応できるメーカーとして取引相手であるプランナーやデザイナー、工事会社から評価され、声がかかることが多いといいます。

また、おもしろ蛇口でカクダイを知った工事会社などが、利益率の高い排水管などの商品も購入してくれ、赤字を補う以上のリターンとなっているそうです。選ばれるのは、排水管の商品ラインナップが豊富なのはもちろん、洗面ボウルの輸入を手がける会社にはわからない、どの排水管が適合するのかといったノウハウの蓄積があるからこそだといいます。

こうしたノウハウがあっても、価格競争に巻き込まれて苦労している部品メーカーが多い中、カクダイはまさにブランディングによって、自分から売り込まなくても、おもしろ蛇口に限らないさまざまな依頼が舞い込むようになったのです。

ブランディングに取り組むライバルが少ない業界ほど、チャンスは無限に広がっています。

▼第三の過ち　「よいものを作ればブランドは育つ」という信念

ブランディングで製品の優秀さを浸透させたブレーキメーカー「ブレンボ」

最近まで「よいものを作る」「よいサービスを提供する」、それができればブランドは勝手に育つというのが、特に製造業や接客業などでは支配的な考え方でした。

しかし、「よいもの」が世の中にあふれている今、自社製品がどのように優れているのかを伝えるべき人にしっかり伝えていかなくては、選ばれない時代になっています。BtoBでも、BtoCでも、それは同じです。伝え続けていって初めて、人の頭の中にブランドが刷り込まれていくのです。

2020年に発売した「ポルシェ」の新型EV「タイカン」は、それまでEVの電池電圧といえば400V（ボルト）が普通だったところを、800Vまで高めました。充電の出力が2倍になったことで、わずか20分で航続距離400キロメートル分の充電が可能になったのです。この800V対応の高電圧・高出力インバーターを開発し、ポルシェに提供しているのが「日立Astemo」（開発時は日立オートモーティブシステムズ）という日本の会社であることは、残念ながらあまり知られていません。

当時、発表されたこのインバーターの製品リリースにも「性能を800Vまで高めました」と書かれているだけで、「タイカンに採用されました」とは一切アピールされていません。あくまで車メーカーの叶えたいことを自分たちの技術力で叶える、というスタンスであり、自分たちは黒子に徹するという姿勢の表れなのかもしれません。

一方、イタリアの「ブレンボ」というブレーキメーカーは、日立Ａｓｔｅｍｏと同じように車のパーツメーカーでありながら、世界で最も有名な高性能ブレーキメーカーとしてその名を知られています。

先に紹介したゴアテックスと同様、自社製品にロゴをつけ、エンドユーザーに製品の機能や性能を徹底的にアピールするブランディングを行い、値引きには応じないという強気の姿勢を貫いています。その結果、一定以上の高級車や最高速の非常に高い価格のスポーツカーでは、ブレンボ以外のブレーキだと「え、ブレンボじゃないの？」「足回り、大丈夫なの？」というような反応すらあります。

それゆえ、高級車やスポーツカーのメーカー側が自社のブランド力を担保するためにも、ブレンボの商品を指名買いすることになります。まさに、ブランド名で選ばれるほど性能に秀でたブランドとしての地位を確立したのです。

日立Ａｓｔｅｍｏもブレンボも、優れた技術力を持っている点では同じです。しかし、ブレンボは車メーカーがカタログにその名を記載し、優れたブレーキを搭載していることをアピールの材料にしているのに対し、日立Ａｓｔｅｍｏを搭載していることを訴求している車メーカーはありません。これは、非常にもったいないことで、多くのビジネスチャンスを失っていることになります。

「よいものを作ればブランドは育つ」というのは、「きちんとブランディングに取り組めば」という条件付きでのみ成立する時代になっているのです。

自社にとっての「よいもの」を突き詰めた「アイリスオーヤマ」

また、時代とともに「よいもの」の考え方も多様化しています。家電においては後発組であるにもかかわらず、不振にあえぐ大手家電メーカーをしり目に、自社が考える「よいもの」を突き詰め、結果を出し続けているのが「アイリスオーヤマ」です。

もともとはプラスチック製の生活用品メーカーでしたが、ホームセンターからの要望で小さなトースターなどを作り始め、大手が家電の取り扱い品目を減らし始めた２００９年から家電に本格参入しています。

伝統的な日本の大手家電メーカーが考える「よいもの」とは、他メーカーと比較して遜色ない機能が漏れなくついていて、そのうえで特長のある商品です。その特長を出すために、基礎研究に投資し、徹底して優れた機能を追求してきました。

ただ、その「多機能」「新機能」は、「どれも似た商品でどれがいいのかわからない」「新しい機能は魅力的だけど、使わない機能が多い高級家電より、最小限の機能でいいからコスパのいいものが欲しい」と考える消費者が離れる一因にもなっています。

それに対して、アイリスオーヤマにとっての「よいもの」とは、「尖った（ピンポイントのニーズを満たす）機能」を備えたもの、そして「値ごろ感」のあるものです。

機能のスペック表を比べると一目瞭然ですが、大手の商品はほとんどの機能に○がつくのに対し、アイリスオーヤマでは○がつかない項目が多い半面、高齢者でも扱いやすい「超軽量スティッククリーナー」、コメの銘柄に合わせた最適な水の量を自動計量できる「銘柄量り炊きＩＨジャー炊飯器」など、訴求ポイントがひと目でわかる商品が並びます。じつのところ、アイリスオーヤマには大手と違って基礎研究に取り組む部門はなく、搭載されている機能はいたってオーソドックスです。

値ごろ感を出すために機能が絞られることを逆手に取って、訴求点をシンプルでわかりやすくした商品を一貫・継続して発売してきたことで、「アイリスオーヤマといえば、コスパがよくて、尖った家電を出すメーカー」というブランディングに成功しています。

また、第一の過ちでお話ししたように、利益を追求するのであれば、利益率の高いハイエンドの領域に手を出したくなるところです。

しかし、アイリスオーヤマでは、スタッフが商品説明をして販売するリアル店舗から、簡単に価格が比較できてしまうECへ市場へのシフトが進む中で、「今後は、よりいっそう値ごろ感のあるものでないと売れなくなる」「消費者視点で、価格と機能を設定することが大事」と自分たちの強みを活かせる市場で勝負するという意思決定がされており、潔くハイエンド市場を切り捨てています。

優れたものを作っていれば、自ずとブランドは育っていくというのは、もはや昔話でしかありません。今後は自社にとっての「よいもの」を効果的に訴求していけるブランドだけが顧客から選ばれ、愛され続けていくという状況が、ますます加速していくでしょう。

▼第四の過ち　「ブランディングは魔法の杖」という勘違い

「ブランディングをすればどんなものでも売れる」は間違っている

せっかく圧倒的な強みを持っているのに、それを自ら手放して、顧客にとって的外れな商品サービスや対外コミュニケーションなどに終始してしまう企業がある一方で、なかには自社の商品サービスのよさを突き詰めるという大前提を置き去りにしたまま「ブランディングでイメージさえ作れば、売上は上がる」と考えている企業も存在します。

言ってみれば、イメージ戦略だけで収益を上げようとしているケースです。

ブランディングを魔法の杖と考え、突き詰め切っていない自社の強みにお化粧をして、目先の売上を得ようとしてしまうのです。

「業績がおもわしくないので、ブランディングに取り組んでこの状況を打開したい」という場合、どの領域なら勝てると踏んでいるのか、その場合ベンチマークする企業はどこか、その企業と比べたときの自社の強みは何かとヒアリングしていきます。すると、強みがなかなか見つからない、というケースがよくあります。

それならば、埋もれている、あるいは鈍化している自社の強みを掘り起こしたり、磨き直したりするのに、時間をかけて向き合っていく必要があるのですが、そのような企業ほど「そういうことより、対外的なコミュニケーションの提案をしてほしい」というのです。

これでは、どんな広告を打っても、一瞬の打ち上げ花火で終わってしまい、サステナブルで強いブランドを作ることはできません。

「よいものを作ればブランドは育つ」というのも間違いなら、「ブランディングをすれば、どんなものでも売れる」というのもブランドに対する誤った解釈なのです。

実際には、「どんなものでも売れる」とまで考えているような人は少ないかもしれません。それでも「商品力が高くないから売れ行きが芳しくない。ブランディング予算をつけてどうにかしよう」というニュアンスの考え方をしている方や、上司や周囲から似たような意思を聞いたことがある方は、意外と多いのではないでしょうか。

中途半端なポジショニングでは勝てない

強みが見つからない企業の多くは、価格も安いともいえないし、品質も高いともいえない、というように、中途半端なポジショニングになっていることがよくあります。

先ほどの湖池屋とカルビーでいえば、一貫したバリューチェーンを構築し、外で食べられるカップ型スナック菓子「じゃがりこ」や、朝食用シリアル「フルグラ」など、低価格で時代の変化を捉えた商品を提供できるのがカルビーの強みです。

一方の湖池屋は、ポテトチップスの量産化に日本で初めて成功した企業という先駆者のＤＮＡを活かし、高価格でも勝負できる品質の商品に強みがあります。

すべての菓子メーカーが、カルビーと同じ低価格&トレンドという土俵で勝負する必要はありません。湖池屋のように、「高価格・高品質でナンバーワンになる」と、自分たちが市場の中でどのポジショニングを取るかを明確にすればいいのです。

もちろん、一度そのポジショニングでナンバーワンの座を確保したからといって、永遠に安泰かといえば、そんなことはないのはみなさんご承知のとおりです。

最近では、湖池屋の高級路線に他社が追随し、プレミアムポテトチップス市場が盛り上がりを見せています。湖池屋は「高価格・高品質で勝つ」というポジショニングを取った以上、この市場ではナンバーワンを目指して強みを磨き、ブランドを強化し続けていかなければなりません。そうでなければ、市場から選ばれなくなり、サステナブルなブランドになることはできません。

自分たちの強みを時代に応じて微調整してきた「吉野家」

また、ブランディングは高級品や高価格帯の商品だけに必要なものではありません。牛丼の「吉野家」のキャッチコピーは「うまい、やすい、はやい」ですが、これは吉野家のポジショニングを明確に表すものです。「やすい」に寄りすぎて「うまい」が置き去りにされたり、「うまい」に寄りすぎて価格が上がったりすると、お客様が離れてしまいます。

とはいえ、「うまい、やすい、はやい」のバランスの塩梅は、時代によって変化するものです。

吉野家は、築地市場内に構えた店が出発点だったため、短時間で食事を済ませたい魚河岸の人たちのニーズに応えようと、１９７０年代までは「はやい」を先頭に持ってきていました。

それが、１９９０年代になって急速な店舗拡大に牛肉の供給が間に合わず、フリーズドライの牛肉を使用したり、深刻な冷夏でコメ不足に陥ってタイ米をブレンドしたりしたことで客足が遠のいた反省から、「うまい」を先頭に出したコピーへと変更します。２０００年代に入ると、日本はデフレとなり、これまでは最後に位置していた「やすい」を2番目に持ってくる形に変更しました。

強みを偽装するような表面的な施策は、企業の持続的成長可能性を最大化させていくサステナビリティ・ブランディングにおいては、まったく無意味です。扱う商品やサービスが高価格帯であれ、低価格帯であれ、自分たちの強みが生きるポジショニングを取り、時代に応じた市場の変化に対応しながらブランドを磨き上げていくことでしか、企業やブランドのサステナビリティを実現することはできません。

▼第五の過ち　一貫性のない意志なき経営

トップがいかに腹をくくれるかがブランディングの成否を左右する

自分たちの強みを定義して、それをもとにブランディングしていくには、市場環境が変わって競合他社が増え、低価格で同様の商品を提供するライバルが現れたとき、必ずその上を行くまで、強みを高め続けるという覚悟が必要です。

それは、ときには短期的な利益をあきらめて、強みを磨くことに投資しなければいけません し、ブランドを体現する存在である社員の育成に本気で向き合わなければならないことを意味します。トップがそこまで腹をくくれて初めて、サステナブルな強いブランドを作ることができるのです。

もちろん、そんなことは経営者であれば百も承知のことでしょう。私自身、目先の売上を確保することに追われる経営者なので、その難しさは身をもって実感しています。わかってはいるけれど、目の前の利益を失うのは恐ろしいことですし、社員の育成はコストではなく投資と言われても、実際はなかなかそう思い切れないものです。

そのような中で、目先の利益にとらわれず、長期的な目線でブランド構築を行っているのが、グーグル、アップル、メタ・プラットフォームズ(旧フェイスブック)、アマゾンドットコムのGAFAです。なかでもアマゾン傘下のAWS(アマゾンウェブサービス)は、まったくの門外漢だったクラウド事業に乗り出しました。

当初、「本当に利益を出せるようになるのか」と懐疑的な声が多かった中、同社は目先の利益にとらわれることなく研究開発に注力するイノベーション投資を継続。短期間でクラウドサービス世界シェアトップに躍り出て先駆者としての地位を固め、今ではアマゾンのドル箱へと成長収益構造の大切な一角を占めるまでになっています。

クラウド市場の競争は激化していますが、自分たちのポジションと強みをぶらさずに、ときには短期的な収益をあきらめてでも先行投資するという中長期的なビジネスを構築することで、「AWSはクラウドサービスのトップランナー」というブランドを確立したのです。

このように、トップが「強いブランドを作る」という意志を持って取り組まないと、ブランディングは一過性の取り組みで終わってしまいます。

組織体制やMBOにメスを入れるのはトップにしかできない

いくら優れた特許や技術を持っていても、それを生かすも殺すも現場の社員にかかっています。「全社を挙げてブランディングに取り組もう」とトップが振っている旗に対して、現場の社員が全力で取り組もうと思わなければ、強いブランドは作れません。

ご存じのとおり、偉大な経営者と言われる人ほど、「会社にとって最大の資産は何か」と問われると、例外なく「人」「社員」と答えています。パナソニックの松下幸之助氏然り、ユニクロの柳井正氏然りです。2020年に経済産業省が発表した「人材版伊藤レポート」と呼ばれる報告書でも、長期的な企業価値向上につなげる経営のあり方として、人的資本経営が提唱されています。

話を戻しましょう。じつは、ブランドが打ち出した方向性に、一番ビビッドに反応するのは社員です。

社員が「お、うちの会社、こんなソーシャルグッドなブランディングをするんだ。この会社で働いていてよかった」と思えるブランド戦略なら、成功は約束されたも同然です。

反対に、「また上のほうがややこしいことを言い始めた」と捉えているようなら、社員がブランディングの意味や必要性を腹落ちするまで、トップは社内外のあらゆるリソースを使って語り続けなければなりません。

そして、評価制度や人事制度に売上や利益以外の目標を設定し、ブランディングに取り組んだ社員に報いる仕組みづくりをしていくこともトップの仕事です。

ブランディングは、じつはMBO（目標管理制度）と相性がよくありません。最上位に全社的な業績目標があり、それをブレークダウンして各事業部や個人の目標が設定されることがほとんどであるため、中長期で部門横断的な取り組みが必要なブランディングを評価するのが難しいのです。

ロゴマークを変えたり、ポスターを作ったりするだけでは、本当の意味でのブランディングはできないという意味は、ここにあります。

こうした体制にメスを入れるには、トップが能動的に関わり、決断していくことが大切になってくるのです。

▼第六の過ち　「ブランディング＝広告宣伝／イメージ広告」という思い込み

「ブランディング＝広告宣伝」ではない

そもそもの話になりますが、企業の中でブランディング業務を担当していることが多い広告宣伝部の役割は、突き詰めれば、商品を売ることです。基本的には売るために広告を作り、販促をしているため、刈り取りがメインです。種まきをして新たなファンを育てていくサステナブルなブランディングとは、そもそもの方向性が異なります。

ブランド戦略として広告を作るのであれば、明らかに商品を売るための広告とは打ち出しが違ってきます。

仮に、広告宣伝部がブランド戦略の一環として広告を手がけるのであれば、SNSでの反響やランディングページへのアクセス数、もっといえば自社ブランドの想起率やNPSなどがKGIやKPIに落とし込まれているべきですが（167ページ）、それを実践している企業はまだまだ少数派です。

商品を売るための広告はブランディングとは目的が異なっており、広告宣伝部の目標管理の中ではブランディングはおまけの存在であって、かなり限定的な業務になっているのが現状です。

また、広告宣伝はいわゆる5P分析の中の一部、「プロモーション」に該当します。5P分析はより効果的なマーケティング戦略を策定するためのフレームワークです。最近では、商品（Product）、価格（Price）、流通（Place）、広告・販促（Promotion）という従来の4Pに加え、5つ目の要素として人（People）、業務プロセス（Process）、顧客管理（Profile）などのいずれかを状況によって加える5P分析が主流となっています。

ブランディングを成功に導くには、商品サービスはもちろん、接客、店舗設計、広告宣伝など、あらゆる顧客との接点で一貫したストーリーを描く必要があります。ところが、こうした顧客との接点は、企業経営上は各部署に分かれ、分断されているのが普通です。あらゆる顧客との接点で一貫性を担保しようとすると、本来、マーケティング施策の一部にすぎない広告宣伝だけで完結するものではないのです。

ですから、広告宣伝はブランディングの手段の一つであり、ブランディングを広告宣伝部だけでやり切るものと考えているとすれば、大きな誤りです。

「ブランディング=イメージ広告」ではない

また、ここまでお話ししてきたように、ブランディングは単なるイメージづくりにとどまるものではありません。

ところが、特に中小企業においては、商品の高級感や心地よさをビジュアル中心に訴求する、いわゆる「イメージ広告」を打つことがブランディングだと考えていることが少なくありません。CMを打ったり、雰囲気づくりのためにホームページのデザインをスタイリッシュにしたりすることが、ブランディングだと勘違いしているのです。

ブランディングで大切なのは、ステークホルダーとのコミュニケーションにおける情報の「質」であり、「伝え方」です。

たとえば、多数の有名企業がSDGsを前提とした社会課題に立脚したパーパスを掲げていますが、その文言を見ると、「私たちは自社の製品・サービスを通じて○○を提供し、環境と調和した企業活動を行うことで、持続可能な豊かな社会の実現を目指します」といった、聞き心地のよい言葉を何となく並べただけのところがほとんどです。

これでは、内容のない、質の低い情報と言わざるを得ません。また、伝え方も失敗しています。広く浅くすべての要素が織り込まれてはいるのですが、多くの人に伝えようとするあまり、「誰にも刺さらない」ものになっています。

それに比べて、「トヨタ自動車」の「わたしたちは、幸せを量産する。」というミッションには、「自分たちは車メーカーではなく、モビリティ文化がもたらす幸せを作ってきた会社なんだ。しかも、それを量産してきた実績がある」という自己定義や実績がきちんと含まれています。言葉の数は前述のパーパスより少ないのに、圧倒的に情報の質が高く、伝わるものになっています。顧客だけでなく社員も、人の幸せを量産する企業で働いていることに、きっと誇りを持てるはずです。

トヨタは言うまでもなく大企業ですが、「自分たちにとってのＳＤＧｓや社会的存在意義は何か」を誰もが自分事として捉えられるようになるまでブレークダウンして考え、それに基づいてブランディングを行っていくことに、企業の規模は関係ないのです。

そして、さまざまなソーシャルグッドな取り組み実績をファクトとして、ホームページや広告などでしっかり示していくことが、ふわっとしたイメージに終始しがちなＳＤＧｓに実体を与え、共感されるポイントになっていきます。

ブランディングとは、雰囲気のよさや、洗練された見た目などのイメージを作るだけのものではなく、伝えたいブランド価値を質の高い情報に落とし込み、効果的に伝えていくための手法なのです。

▼第七の過ち　「ブランディングは特定部署の業務」という誤認

ブランディングが他人事になってしまう理由

ブランディングは、経営の根幹に関わる重要な業務であるにもかかわらず、担当部署の内部でさえ、「いくらがんばって貢献しても、自分の実績にならない」と敬遠されがちな仕事です。

担当部署でさえこうなのですから、他部署から見れば、あくまで他人事であり、自分の業務には関係ないという理解が一般的です。

しかし、サステナビリティ・ブランディングに本気で取り組むのであれば、そのブランド戦略を起点にすべての企業活動を設計していくことになります。そのため、商品の企画開発部、顧客と接点を持つ営業部や店舗スタッフ、広告宣伝やマーケティング関連部署、さらには人事部まで、ブランディングに無関係な部署・部門はありません。

1章でお話ししたＮＩＫＥやとらやにしても、各部署が一体となってブランド価値の創造に取り組んでいるからこそ強いブランドになっているのであって、店頭で働くスタッフが人種の違いについて配慮のない接客を行っていたり、仕入れの担当者がノルマの達成のために小豆の仕入値を不当に買い叩いたりしていれば、ソーシャルグッドなサステナビリティ・ブランディングを実現することはできません。

しかし現状、企業のトップやごく一部の人以外にとって、ブランディングは他人事でしかありません。ブランディングを自分事と捉える機運を醸成するには、組織づくりから見直すことが必要です。

ブランドを担当するのが、経営企画部や社長室などにぶら下がっている部署で、事業部のラインから外れていると、よほど強い権限を与えられていない限り、ブランド起点の提案をいくら行っても、現場になかなか浸透しません。各事業部からすれば、「どうせノルマの達成にも、評価にもつながらないのだから、適当にあしらっておけ」ということになり、エース級の社員が担当につくことはありません。ブランディング戦略自体の出来がよくても、これでは果実は得られません。

一方、事業部のラインにブランドを担当する部署が組み込まれていても、事業部との衝突は起きにくくなりますが、別の問題が起こりがちです。現場のパラダイムに押し流されて、ブランドとしての一貫性を見失う恐れが出てきます。

現場では、日々ＰＤＣＡを回して売上を追求していますから、中長期で取り組む必要があるブランディングの論理と、短期的には相容れないことがよく起こります。平たくいえば、優先するのは目先の利益か、将来の利益か、というジレンマが発生します。その結果、当初はブランド戦略との一貫性を保とうと動いていたはずなのに、「現実的に難しい」「これは店舗では受け入れられない」などの理由から、当初のブランディング戦略から微妙に方向性がずれ始め、最終的にブランドとの一貫性が失われてしまうのです。

だからこそ、前にも触れたように、トップが部門横断的な組織づくりに着手し、商品企画のプロセスに早くからブランディングの担当者が参加できる体制づくりが不可欠です。そして、上がってきた企画にブランドの視点から見て、致命的な欠陥があったときには、企画を差し戻せるような権限を持たせる必要があるのです。

組織横断的な試みでサステナビリティCMを制作した「サントリー」

同時に、ブランディングを他人事としない機運づくりも重要です。報道などによれば、「サントリー」では、サステナビリティを推進する部署の責任者が、全社向けの研修や部署別の勉強会などを通じて、サステナビリティとの接点づくりに取り組んでいるといいます。また、社内の至るところで「辻説法のように話している。そこまでやってようやく業務とサステナビリティがつながる」とインタビューで語っています。

「第五の過ち　一貫性のない意志なき経営」でも触れましたが、現場が腹落ちするまでサステナビリティやブランドの重要性を伝え続けることが何よりも重要なのです。

同社の2021年にオンエアされたCMにも、その思いが表れています。「2030年、全世界でペットボトルの100%サステナブル化へ。」とするサントリーの目標とともに、女優の芦田愛菜さんが空のペットボトルのラベルを剥がして水ですすぎ、「また会おうね」と言いながら潰すというものでした。

飲料のCMでありながら、飲むシーンが一切ないという異色のもので、商品を売るのではなく、ソーシャルグッドな取り組みをステークホルダーにきちんと伝えて、共感を得ていこうというサステナビリティ・ブランディングを意識したCMとなっています。

こうしたCMは、サステナビリティを担当する部署や広告宣伝部などが単独で動いていては、なかなか実現できるものではありません。実際、サントリーとしても、組織横断的な初めての試みとして、毎年9月に開催されるSDGs週間に合わせて、サステナビリティ推進部署とコーポレートブランドの担当部署などが、一緒にCM作成に取り組んだものだそうです。

一見、華やかに見えるブランディング業務ですが、ワークショップを一、二度開いたくらいで、明日からすぐサステナビリティ・ブランディングを実現できるわけではありません。組織横断的な取り組みを実現するには、ブランドやサステナビリティの意義を地道に伝えるといった活動が何よりも重要なのです。

以上、7つの過ちについてお話ししました。いずれも乗り越えなければならない課題ですが、じつのところ、「過ち」とするには酷な面もあります。というのは、7つの中には、ある時点までは「正しかった」、あるいは「気づくのは難しかった」ものも含まれているからです。

第一の過ちとして挙げた「売上・利益至上主義」は、バブル時代には当然のことでした。そのおかげで、経済や社会が大きな発展を遂げました。第三の「よいものを作ればブランドは育つ」という信念が、世界が認める日本の製品やサービスの品質を高めてきたことは確かですし、第四の「ブランディングは魔法の杖」や第六の「イメージ広告」という認識も、売上を効率的に伸ばす方法として、ある時点までは必ずしも間違いとはいえませんでした。ですから、現状、過ちを犯していたとしても、恥じ入るようなものではありません。

ただ、社会が変化し、一般消費者や投資家だけでなく、インフルエンサーやＳＮＳユーザー、また未成年者や高齢者も含めた全員がステークホルダーであり、ブランディングに大きな影響を与える時代を迎えています。高アルコール飲料がヒットしても、社会に与える影響がすぐに指摘され、早々に消費者離れの兆候も見られる、そんな時代です。

こうした変化に対して、事実と理論をもとに、企業が生き残っていくためのブランディング戦略を考察した結果、導かれた答えが、ソーシャルグッドを起点にしたサステナビリティ・ブランディングなのです。ソーシャルグッドを追求するのに、部署間の垣根はありません。社会や消費者からの需要も確実にあります。

では、多様なソーシャルグッドの候補から何を選択し、どうサステナビリティ・ブランディングにつなげていけばいいのか、次章で詳しく見ていきます。

4章

サステナビリティ・ブランディングの成功法則

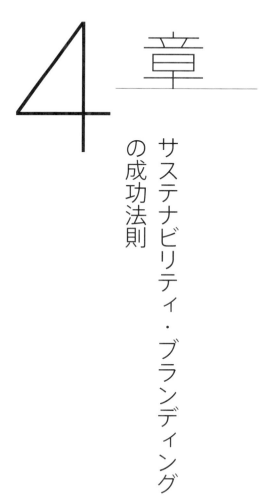

サステナビリティな取り組みで成功してきた100年企業の共通点

本章では、前章までに挙げたさまざまな障害を乗り越え、長きにわたってあらゆるステークホルダーから選ばれ続けてきた100年企業、もしくは100年には満たないものの、市場や経済環境の変化の波を乗り越えてきた企業の事例を通して、サステナビリティ・ブランディングの成功法則について解説していきます。

ここでもう一度、サステナビリティ・ブランディングの定義を、確認しておきましょう。ソーシャルグッドな企業のアクションを顧客、取引先、社員、株主などあらゆるステークホルダーに向けて発信する。それが共感を広げてファンを獲得し、外部環境がどのように変化しても、持続的に成長し続けることにつながっていく。商品を売るためではなく、応援してもらえる存在になるために、ブランド戦略を経営戦略に組み込んで、現場と経営が一体となって一貫したストーリーを描いていく。その結果、企業の持続的成長可能性が最大化される。それが、サステナビリティ・ブランディングです。

サステナビリティという言葉が登場する以前から、サステナビリティ・ブランディングを実践してきた100年企業には、次の3つの共通点があります。

①自分たちの強みを客観的に捉えている

自分たちの商品は古くさいと必要以上に卑下したり、逆に伝統を守ることが目的化してしまいハウスルールに縛られていたりすることがなく、自分たちの強みが市場でどんな価値を持つのか、客観的に捉えています。

そのうえで、本当に守るべき軸はぶらさずに一貫性を保ち、市場や顧客の変化に合わせて、その強みの活かし方や発信の仕方を変えています。

一例を挙げると、ご存じのとおり、「任天堂」は家庭用ゲーム機の先駆けである「ファミコン」から始まり、ゲームボーイやスーパーファミコンなどのさまざまなハードを世に送り出してきました。ソフト面でも、これまでにＤＳ向けの脳トレや英語などの教育分野や、ＷｉｉスポーツやＷｉｉフィットなどの健康分野という、従来のゲームの概念を変える新しい分野を開拓するなどの、ゲームの可能性を示してきました。

しかし、任天堂自らがデータを収集して、教育や健康関連ビジネスへ乗り出すようなことは行っていません。自らを「娯楽を通じて人々を笑顔にする会社」と定義するとおり、あくまでホームエンターテインメントとしてのデバイスやソフトの提供であり、任天堂らしさを見失わずにいます。

ちなみに任天堂の創業は1889年（明治22年）。花札の製造会社としてスタートしましたが、世の潮流が西洋の娯楽に傾くとトランプの製造・販売に商材の幅を広げ、経済や技術の進化に適応する形でテレビゲーム機、ファミコン、携帯型ゲーム機、オンラインゲームサービスと歩みを進めてきました。

もともと持っていた技術や商品を守ることに固執せず、「娯楽を通じて人々を笑顔にする」という軸をぶらすことなく、世の中の変化を捉える。そして、変化した消費者の価値観やライフスタイルに照らして、既存の自社の商品がどう評価されるのか、新たに求められている価値は何なのか、そこで自社が発揮し得る価値は何なのか、客観的に捉え続けることができたからこそ、100年以上支持され続け、成長し続けていることがわかります。

100年企業というと、昔ながらの商品やサービス、また社員の教育や組織などを頑なに守り続けてきたイメージがあるかもしれませんが、実際には軸となる強みを見失わないようにしながら、柔軟に変化し続けているのです。

②ブランド戦略を経営戦略の一環として組み込んでいる

ブランドは、売上や利益への効果測定がしにくく、定量評価できないといわれています。

企業がブランディングの必要性を感じながらも、なかなか本腰を入れられない大きな理由の一つです。

しかし、効果測定できないというのは思い込みであり、誤解です。たしかにブランドは「期待価値を想起させる」という形のないものですが、サステナブルな経営に取り組み続けてきた企業は、自社のブランドコンセプトをさまざまな形で可視化して、中長期の目標や日々の業務に落とし込んでいますし、現場のモチベーション喚起や目標を達成するための組織体制づくりにも積極的に取り組んでいます。

ブランドの効果測定、指標化の手法については、後ほど詳しくお話しします。

③経営者が組織のカルチャーと本気で向き合っている

日々、さまざまな企業でコンサルティングを行う中で、ブランディングの成否を握っているのはその企業のカルチャーであることを痛感しています。

カルチャーは、言語化されていない日々の振る舞いや慣習が積み上がってできていくものだけに、改革するには根本的かつ中長期にわたる取り組みが必要になります。そのため、たとえば檄を飛ばしたり、ノルマで縛ったりするなど、目の前の売上を優先した短期的な取り組みに終始してしまい、問題の本質を棚上げしている経営者が少なくありません。

しかし、どんなに素晴らしいブランド戦略を練り上げても、カルチャーが邪魔をして運用できずに終わるというのは本当によく見かける光景です。せっかく整えた仕組みが骨抜きにされてしまうという場面を何度も見てきました。

対外的なアウターブランディングと、アウターを成功に導くために必要な対社内へのインナーブランディングをつなぎ、一貫性と継続性を持たせていくのがカルチャーの役割です。挑戦的なキャンペーンを打っても、カルチャーが保守的であればそれを継続的に展開していくことはできないでしょう。

個々の社員にチャレンジする気持ちがあったとしても、日々の仕事も抱えている中、保守的な雰囲気が蔓延している社内で孤軍奮闘するのは辛いでしょうし、場合によってはその後のキャリアにとってリスクにすらなり得ます。何より、そうした保守的なカルチャーを持つ企業はほとんどの場合、経営層や決裁権限を持つ役職者自身が、本人も無意識なままに保守的な判断や振る舞いをしているものです。

むしろ、だからこそ保守的なカルチャーになっているともいえます。そんな環境では、挑戦的なキャンペーンを打ち続ける意思決定自体がされにくく、社員もあえてリスクを取りにいく気にならないのは当然のことです。

その点、長く顧客に選ばれ続けてきた企業は、何よりも経営者自らがカルチャーに本気で向き合っています。前述の例でいえば、挑戦を鼓舞するだけでなく、挑戦を評価する仕組みづくりも構築しています。

カルチャーを変革するには、経営者自らが率先して推進するしか道はありません。トップの姿勢は組織や社員に、思った以上に影響を与えるのです。

ここからは、これらの3要素をさらに細分化し、今後10年、20年とステークホルダーから選ばれるために必要な成功法則を見ていきます。

「売上・利益至上主義」「よいものを作ればブランドは育つ」といった古い成功法則に取って代わる、サステナビリティ経営を実現するための新たな成功法則としてみなさんのご参考になれば幸いです。

▼成功法則① ブランドターゲットが明確に設定されている

「ブランドターゲットを絞り込む＝顧客が減る」ではない

前章では、売上・利益至上主義の弊害として、より多くの顧客から選ばれようと、商品数を増やしたり、あらゆる場所に出店したりすることで、ブランドが毀損されることがあることをお話ししました。これは人気企業ほど陥りやすいジレンマです。近年でも多くの企業が、より幅広い顧客に選ばれようと商品ラインナップを増やしたり、あらゆる場所に出店したりするうちにブランドターゲットが曖昧になり、従来のファンが離れ、結果として選ばれなくなっていくという末路をたどっています。

そうなる前に、単なる利益追求に陥っていないか、その拡大路線が顧客や取引先、社員の幸せにつながっているのかを冷静に見きわめ、ときには覚悟を決めてブランドターゲットを明確化することが大切です。そして、ブランドターゲットを明確化するということは、往々にしてブランドターゲットを「絞り込む」ことを必要としますが、多くの経営者はそれを受け入れられません。「ターゲットを明確化する」＝「絞り込む」＝「顧客が減る」と考えてしまうのです。

その気持ちはよくわかりますし、実際、新しい市場のいくつかは、マスの中に生まれた新しい価値観やライフスタイルそのものに注目する＝ターゲットを絞り込まず、マクロトレンドを捉えることで大ヒットすることもあります。

しかし、多くの市場は飽和状態にあり、競合との差別化がきわめて難しいという前提で考えるならば、その市場で「ターゲットを絞らない」ことは、「多様な人の、多様なニーズに応えようとする」ことと同義です。その結果、「総花的で、誰も嫌う人がいない代わりにファンもいない」という状態に陥るのです。それは言い換えると、成熟市場では、「特徴がないから選ばれない」「結果的にシェアを低下させる」という結果につながっていきます。

だからこそ、勇気を持ってブランドターゲットを絞り込み、明確化することで市場における自社の強みや差別化ポイントを定め、熱狂的なファンを獲得することが先決です。そうすることで、そのブランドターゲットへの憧れなどさまざまな理由でマスがファン化していくのです。

図表 4-1　ターゲットには 2 種類ある

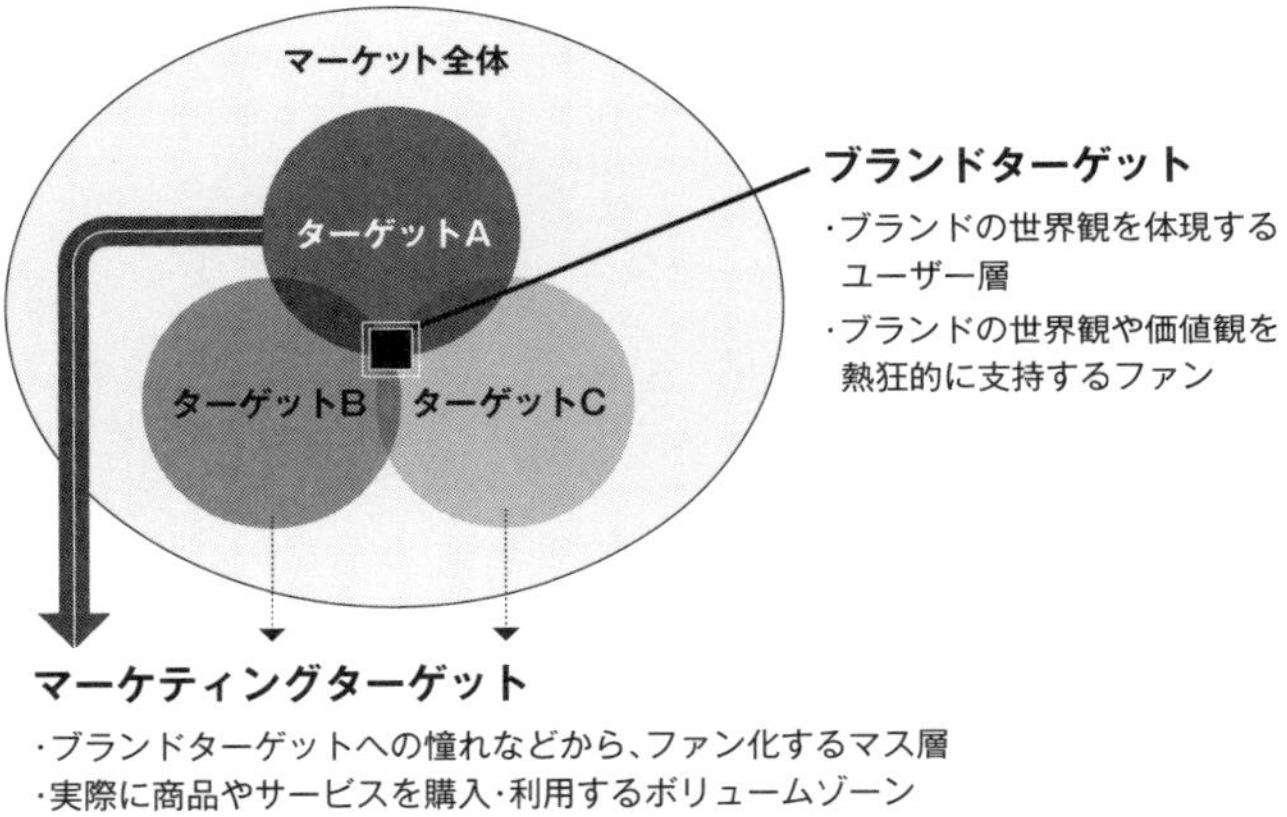
マーケット全体
ターゲットA
ターゲットB
ターゲットC
ブランドターゲット
・ブランドの世界観を体現するユーザー層
・ブランドの世界観や価値観を熱狂的に支持するファン
マーケティングターゲット
・ブランドターゲットへの憧れなどから、ファン化するマス層
・実際に商品やサービスを購入・利用するボリュームゾーン

ブランドターゲットへの憧れなどからファン化する層をマーケティングターゲットと呼びます。

多くの場合、顧客のボリュームゾーンはこのマーケティングターゲットであり、マーケティングターゲットを獲得するためには、明確なブランドターゲットの設定とそのファン化が前提になるのです。

こうした理由から、ブランドターゲットを絞り込んで明確化することは非常に重要であり、それがブランドの寿命を延ばし、企業のサステナビリティを高めるカギになります。

これまで取り上げてきたとらやも、かつてはブランドターゲットを広げすぎるという過ちを犯し、そこから軌道修正を図っています。

とらやは1960年代から百貨店やショッピングセンターに新規出店し、1973年までに出店数を66店舗まで増やしました。しかし、容易に手に入るようになったことで大衆化してしまい、最高級の和菓子というイメージが崩れ始めます。

とらやの1973年の役員部長会議事録には、「最高級の菓子屋であるということを堅持する大方針を貫きたい」という当時の社長の決意表明が残っており、自社のイメージに合わないと判断した6店舗の閉鎖に着手していきます。

2023年5月現在は81店舗となっていますので、この半世紀で増えた店舗は10店前後。2020年に社長職を退き、会長となった黒川光博氏は「とらやの菓子を召し上がって『幸せな気持ちになった』と思ってくださること、またとらやで働いている人たちが『この会社に勤めてよかった』と思ってくれることこそ、大きな価値がある。売上高の規模は問題ではない」と語っています。

ブランドターゲットを絞り込むことで従来のコアなファンを逃さず、さらにその高級感や特別感に憧れるマーケティングターゲットの獲得に成功している好例です。

サステナブルな視点がブランドを守る基準に

前章で紹介したアイリスオーヤマも、まさにターゲットを絞り込むことで成功している企業です。尖った機能と値ごろ感を前面に打ち出し、ターゲットを「高額でも多機能な家電」より「機能はシンプルでも値ごろ感のある家電」を求める層に絞り、ハイエンドな商品は手がけない方針を明らかにしています。

文字にすると、凡庸な方針のように思えるかもしれませんが、実際には多くの企業がこうした決断を下せなかったり、貫けなかったりしています。

というのも、和を好む日本人の特性からか、甲乙つけがたい案や対立する考えがあると、どうしても中庸な選択をしがちだからです。強いインパクトを与える赤を推す声と、清潔感を与える白を推す声があったときに、ピンクを選んでも意味がないように、ターゲットもさまざまな意見を聞いて広げすぎてしまうと、もはやターゲットが設定されていないのと同じ状態を招きます。

一方で、ある新商品に対して明確にターゲットを絞り込めたとしても、そのターゲットが自社の目指すサステナビリティ・ブランディングの文脈から外れているときは、ストップをかける勇気も必要です。

たとえば、40、50代向けの働く女性向けのブランドを目指しているのに、この商品は20代のほうが売れそうだという理由でターゲットを変えてしまうと、短期的には売上を向上させても、中長期的にはブランドを毀損し、マイナスに働くからです。サステナブルな視点を持ってブランドターゲットを明確に定めることがブランド価値を守ることにつながるのです。

▼成功法則② コアコンピテンシーに紐づいたブランドコンセプトになっている

ブランドを構成する4つの要素

成功法則についてお話しする前に、そもそもブランドコンセプトとは何かについて簡単に説明しておきましょう。

一般にブランドコンセプトは、次の4つの要素から構成されています（図表4-2）。

・コアバリュー＝ブランド価値をひと言でいい表したもの
・ベネフィット＝ターゲットが選ぶ理由
・エビデンス＝ベネフィットをもたらす根拠・事実
・リソース＝根拠・事実の裏付けとなる社内資産や仕組み

この中で最も大切なのがベネフィットです。成功法則①で絞り込んだターゲットが自社のブランドを選ぶ理由となるものです。

スターバックスを例にとると、ターゲットは「洗練されたセンスを持った都市生活者」、そしてベネフィットは「自分だけの時間を過ごせる」「上質な空間でリラックスできる」となります。

今でこそ郊外にも出店しているスターバックスですが、コアターゲットはやはり洗練されたセンスを持った都市生活者であることに変わりはありません。日々忙しく活動する都市生活者にとって、「自分だけの」「リラックスした」時間を過ごせることは、数ある飲食店の中からその店を選ぶ十分な理由＝ベネフィットとなり得ます。

だからこそ、オフィスでも家でもない「サードプレイス」がブランド価値（コアバリュー）

図表 4-2　ブランドコンセプトを構成する 4 つの要素

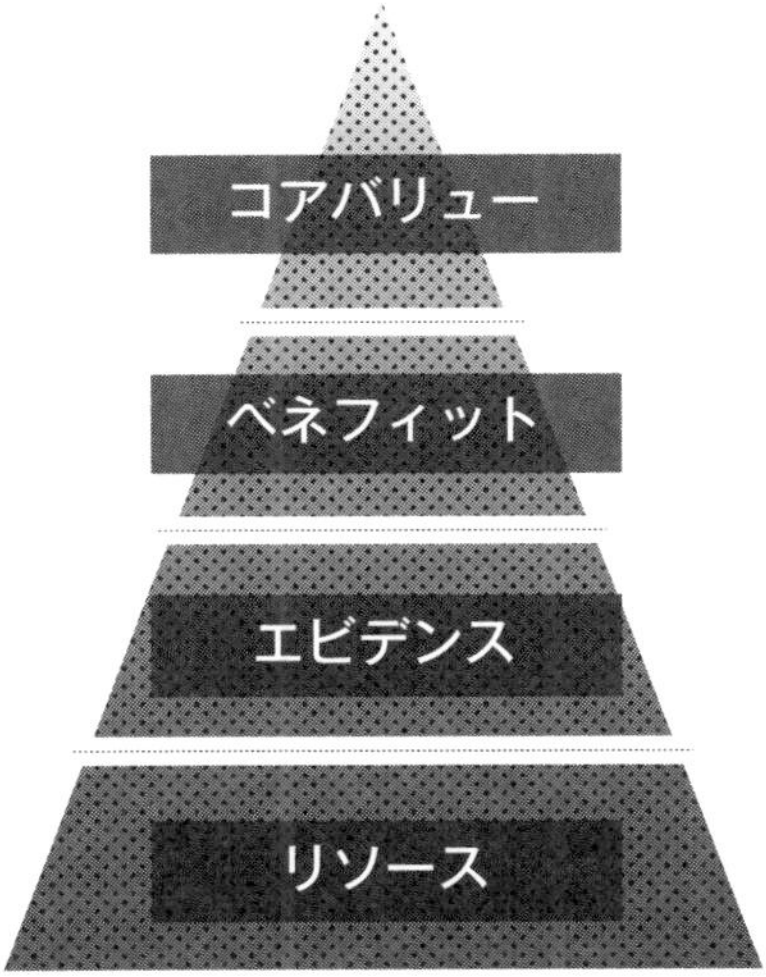

となり、コーヒーのクオリティだけでなく、ゆったり座れるソファや座席間隔にゆとりを持たせた店内レイアウト、ホスピタリティの高い接客などが必要になるのです。

また、スターバックスは中国で店舗数を増やしたにもかかわらず、現地ブランドの急速な発展、特にデリバリー市場に切り込んだ新興企業にシェアを切り崩されかけた時期がありました。時はコロナ禍でデリバリーに強みを持つ企業に有利であり、逆に中国市場でも当初は店舗利用をベースとした展開を保持していたスターバックスには不利な状況でした。

それに対し、スターバックスは顧客の

図表4-3　スターバックスのブランドコンセプトを構成する要素

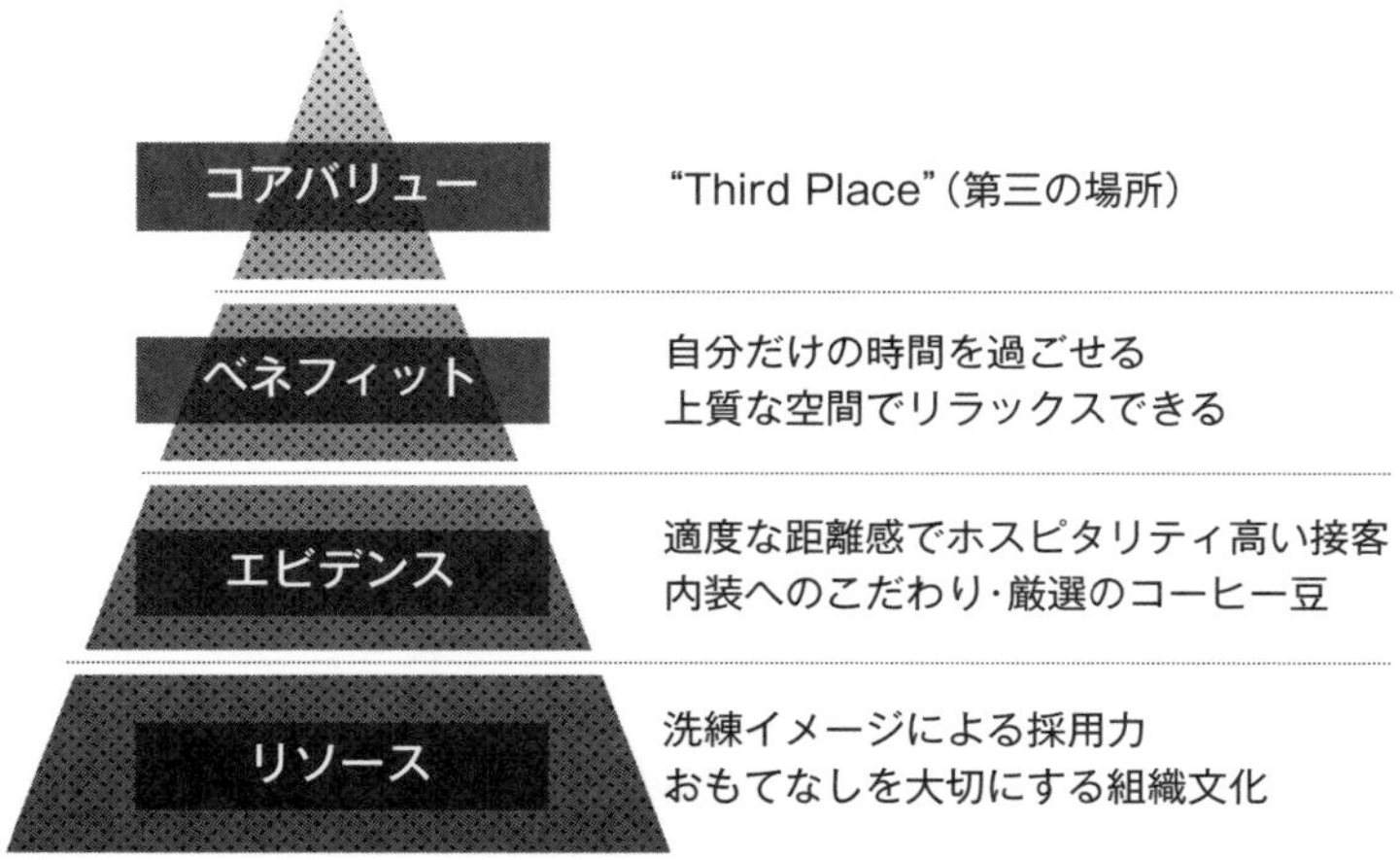

利用実態やニーズ、自社と競合の評価やイメージの差を徹底的にインサイトしたうえで、自分たちの強みに立ち返ります。その結果、スターバックスはデリバリーにおいても「ホスピタリティ高い接客」による「自分だけの」体験によって、Uber Eatsや宅配専門業者などに依存することの多いデリバリーに強みを持つ競合他社と差別化できると判断。自社で独自に配達員を採用して教育し、スターバックスならではのホスピタリティと接客スタイルを身につけさせたのです。

結果的に、「スターバックスの宅配員は一味違う」という差別化に成功し、再び勢いを盛り返しました。ブランドの軸となるベネフィットをぶらさず、強みとなる論拠であった接客を磨き上げることで、ファン離れを防いだのです。

このように、ブランドの軸となるベネフィットが明確だと、ブランドの確立に必要な打ち手も、迷わずに考えられるようになります。なお、ブランドコンセプトを考えるにあたっては、現在の資産や強みを基点にする場合は「リソース」→「エビデンス」→「ベネフィット」→「コアバリュー」の順にボトムアップで考えていきます。

一方、市場機会の大きい領域を特定し、「どんな価値を提供すべきか?」を発想の基点として考えていく場合や、すでに具体的なソーシャルグッドが見つかっている場合には、「ベネフィット」→「エビデンス」→「リソース」の順に考えていき、最後に自社の「コアバリュー」を端的にまとめるというステップが有効です。

強いブランドを作るコアコンピテンシー

では、本題の成功法則に話を移しましょう。

コアコンピテンシー(コアコンピタンス)とは、企業活動において「競合他社と比べて圧倒的に優位に立つ、核となる能力」のことです。同概念を広めた『コア・コンピタンス経営』（日本経済新聞出版）では、「顧客に特定の利益を与える一連のスキルや技術」と説明されています。そんなコアコンピテンシーと向き合い、ブランドコンセプトに活かしている好例が１００円ショップの中でもおしゃれなイメージのある「セリア」です。

セリアの創業は１９８７年。スーパーマーケットの軒先などでの生活雑貨の移動販売からスタートし、１９９７年に１００円ショップを開業。その後、２００４年にＰＯＳシステム、２００６年にＰＯＳデータに基づく独自の発注支援システムを導入し、現在、ほぼすべての商品で自動発注が行われています。同社のコアコンピテンシーはこうした徹底したデータ管理・活用にあります。

一方で、社長の河合映治氏が雑誌のインタビューで「この業界は価格競争がない。やっているのは、お客さんがほしい商品をいかにそろえているかという、目に見えない〝価値の競争〟」と語っているように、「Ｃｏｌｏｒ ｔｈｅ ｄａｙｓ 日常を彩る。」というブランドコンセプトの下、ハンドクラフト商品、ＤＩＹ商品、キッチン商品、食器類などを中心に、女性顧客をターゲットしたおしゃれな商品、店舗づくりに力を入れているのが特徴です。

また最近では、１００円ショップでも、３００円、５００円の商品を扱うところが増えていますが、同社では100円の価格を維持しています。その理由は「顧客が値段を見なくても安心して買い物できるのが100円ショップのよさ」というソーシャルグッドに基づくものです。

こうした内容を、前述の「ブランドコンセプト」に当てはめて考えると、

・リソース＝徹底したPOSデータの蓄積・分析・活用＋メーカーとの協業体制

・エビデンス＝おしゃれな女性向けの充実したハンドクラフト・DIY・キッチン商品、100円で統一された価格設定、おしゃれな女性が彩りを感じられる選んで楽しい店舗設計

・ベネフィット＝おしゃれに楽しく日常を彩ることができる購買体験

・コアバリュー＝Color the days 日常を彩る

という整理ができ、ブランドターゲットである「コストとオシャレを両立させたい、オシャレで賢い女性」と一貫性のあるブランド訴求が成立していることがわかります。

業績を見れば、2022年3月期決算まで19期連続の増収。さらに利益率が高いことで

知られており、営業利益率は10・1％（2022年3月期）となっています。小売業の営業利益率の平均は2・8％（2021年3月／経済産業省調べ）ですから、異例の高さであることがおわかりになるでしょう。

この利益率の高さおよび前述のおしゃれな商品ラインナップを可能にしている強みの根底にあるのが、まさにブランドコンセプトで整理したとおり、全商品の90％をメーカーと共同開発・販売しているというリソース＝コアコンピテンシーにあります。ＰＯＳレジから収集した販売データなどをメーカーに提供することで、メーカー側の過剰生産および在庫の管理にかかるコストを抑え、100円なのに100円に見えない〝高見え商品〟を実現しています。

その結果、顧客の支持を獲得して業績が上がるだけでなく、メーカーにとっても共同開発・販売することで、オリジナル商品を自社開発して売り込みに歩く必要がなくなり、経営も安定します。

このように、データ活用というコアコンピテンシーをバックボーンにブランドコンセプトを作り上げることで、あらゆる方面のステークホルダーから支持されるサステナビリティ・ブランディングを実現しているのです。

▼成功法則③ ブランドと事業戦略が統合され、一貫性と継続性が担保されている

事業戦略にブランド戦略を組み込む

ブランドと事業戦略を統合する——。そう言われても、具体的なイメージが湧かない人も多いことでしょう。あるいは経営陣やラインの責任者の顔を想像してしまい、反射的に〝無理〟の2文字が頭の中に浮かんできたかもしれません。

しかし、それほど複雑な話ではありません。高級マンションのブランドとして広く知られている、「野村不動産」の「プラウド」を例にお話ししましょう。

プラウドが誕生したのは2002年のことです。私が大学卒業後、総合不動産デベロッパーで勤務していた頃のことですが、当時、分譲マンションのブランディングは「新築分譲マンションは一生に1、2回しか購入しない」「メーカーの商品と違って2つとして同じものがない」という事業特性と、「ブランディング＝広告宣伝による認知向上」という誤解から、ほとんどのデベロッパーで投資しても意味がないものとみなしていました。結局

のところ、マンションのブランド力を上げるには供給戸数や売上を増やすか、超高級物件を扱うしかなく、自社にブランディングはできないという考えが主流でした。その常識を覆したのがプラウドなのです。

住宅開発は土地探しから始まります。といっても、開発に適した土地に巡り合えることは稀で、「センミツ（千三つ）」といわれています。つまり、1000件の土地情報があったら、そのうち実際に取引可能な土地は3件のみという世界です。加えて、土地の購入にあたっては、競合とのコンペを勝ち抜かなければならず、売上を維持するためには、「買えるものは買っておく」というのが、この業界のセオリーでした。

そのため、〝ビック7〟と呼ばれる不動産デベロッパー大手7社は、坪単価100万円から500万円まで、幅広いターゲットに向けた複数のマンションブランドを出していますが、入手できる土地の都合でそうなっているのです。

ところが、ある時点から野村不動産はマンション事業において、「一定の条件に当てはまる土地以外は手を出さない」「決めた坪単価以下のマンションは手がけない」という方針を明確に打ち出しました。

この方針がどれくらいセンセーショナルなものかというと、「もしもその方針に合致する土地を仕入れられなければ、来年の売上はゼロになる」ということです。ですから、実際には「少し条件から外れているけれども、これくらいなら妥協して仕入れておこう」と日和《ひよ》ってしまうのが普通のはずです。しかし、野村不動産はプラウドを立ち上げた当時の社長が鉄の意志で前述のルールを徹底しました。

条件に当てはまる土地があれば、競合に奪われないよう高値買いをし、さらにしっかり利益を出せるように質やデザインを高めていった結果、数年後には、プラウドといえば「クラス感のある高級マンション」というブランドイメージを確立しました。その確固たる信念に共感した顧客が集まり、ファンを増やしたのです。

デベロッパーは土地の取得を検討する段階で、そのエリアでの過去の販売実績をもとに売上総額を見積もり、住戸数の床面積で割って坪単価を出したうえで、土地の入札価格を決めていきます。だからこそ、土地の価格が想定を上回ると、利益を確保できる見通しが立たないため、なかなか手を出せないわけです。

しかし、野村不動産のプラウドのようにブランド力が高まると、通常の坪単価に2割上乗せしても売れるようになることから、想定より高い土地でも購入を決断できるようになるのです。そして、値引きしなくても完売するので利益率も高くなります。

市場の動向でいうと、ちょうどマンション市場がアップサイドのときにブランディングに成功して波に乗ったところで、リーマンショックに見舞われて市場がダウンサイドに入り、多くのマンションデベロッパーが倒産・業績悪化に陥っている中でも、プラウドのマンションギャラリーは活況を呈していました。外部環境が変化しても顧客に選ばれ続けるのがサステナビリティな強いブランドの条件ですが、野村不動産のプラウドは、まさにその定義に合致します。そして、そのポジションを確立できたのは、もうおわかりのとおり、ブランド戦略と事業戦略を統合して推し進めたことにあるのです。

「ブランディングをベースに事業戦略を策定・遂行する」ことと、「事業戦略をドライブさせるようなブランド戦略を策定・遂行する」こと。中長期で顧客に選ばれ続け、市場で高い競争優位を築くという視点で、この両面から戦略を練り、不断の覚悟で遂行することが、ブランドと事業戦略の統合です。

▼成功法則④ 「ソーシャルグッド」がブランドと企業経営に接続されている

顧客に共感されるソーシャルグッド、3つのタイプ

顧客が「ソーシャルグッドな取り組みをしていていいね！」と感じられる活動が、企業経営にきちんと接続されているかどうかも、これからの時代は重要になってきます。

顧客に共感されるソーシャルグッドには、次の3つのタイプあります。

タイプ1 SDGsに代表される「社会課題」を身近な形にブレークダウンして発信している

SDGsは解決すべきテーマが地球規模であることから、たとえば、植林をしていると聞いても、身近な問題として感じられないため、ほとんどインパクトを与えずに終わってしまいがちです。取り組み自体はソーシャルグッドでも、顧客が「ソーシャルグッドな素敵な取り組み」と身近に感じ、購買行動に影響を与えるレベルの強い共感をしにくいのが難点です。

しかし、それを顧客や社員にとって自分事として捉えられるように発信することができれば、売上アップや企業価値向上を実現する推進力となってくれます。

社会課題解決をパーパスと紐づけることで支持を得たNIKE、腕時計を違法銃器撲滅

のアイコンとして共感を獲得したＴＲＩＷＡなどが、その代表的な存在です。

「ＳＤＧｓ関連銘柄」や「キャンペーンが終了したらジ・エンド」といった短期的な取り組みではなく、企業経営の一環として中長期の取り組みを行っているのがポイントです。

また、ＳＤＧｓに関する取り組みを、効果的に発信している企業もこのタイプに入ります。個性的なクラフトビール「よなよなエール」で知られる「ヤッホーブルーイング」は、「環境負荷の少ないアルミ缶に全製品の94％を充填していること」「コロナ禍で余剰した飲食店向けのクラフトビールを蒸留しクラフトジンにしていること」「土日出荷原則禁止でホワイト物流を実現すること」など、これまで続けてきた一つひとつの取り組みを「クラフトビールでＳＤＧｓ」と銘打ってまとめて発信することで、「意識の高い企業」というイメージを打ち出し、企業価値の向上に成功しています。

タイプ2　ビジネスのすべてのプロセスにソーシャルグッドが反映されている

自社にとってのソーシャルグッドに対する姿勢が明確で、開発から商品企画、製造、コミュニケーション、販売まですべてに反映されている企業です。とらやのほか、手作り石鹸などで知られるイギリスのブランド「ＬＵＳＨ」も、このタイプです。

ＬＵＳＨは、ＳＤＧｓやソーシャルグッドの考え方が生まれるはるか昔から、化粧品の動物実験廃止や容器のリサイクル、容器や包装不要の商品の開発などを行ってきました。ソーシャルグッドを声高に叫ぶだけでなく、ＳＤＧｓを考えるきっかけになるユニークな商品開発でも知られます。

たとえば、ウミガメの形をした入浴剤は、使い終わると寒天でできた白い紐のようなものが出てきます。ウミガメがプラスチックを飲み込んだイメージを伝えているそうです。

タイプ3 扱っている製品やサービスが、ソーシャルグッドを「体感」できる

名刺管理を通して新しいコミュニケーションの在り方を提示するＳａｎｓａｎのほか、顧客の物流業務を包括的に受託する３ＰＬサービスを展開してきた「ロジスティード（旧・日立物流）」もこのタイプです。

従来、「パソコンなどの情報機器の納品・旧機器の撤去」と「納品した情報機器のセットアップ」は、別々の業者が行っていました。納品と旧機器の撤去を担うロジスティードは、納品したあと、別の業者が設置を終えてから、後日撤去のために再び客先を訪れなければならなかったのです。そこで、エンジニアリングのスキルを身につけた「エンジニア

ドライバー」の養成に取り組み、納品からセットアップ、撤去までをワンストップで行うサービスの提供を開始しました。

このサービスは、顧客にとっては新しい機器の即日利用とワンストップによるコストダウンが図れるというメリット、一方、ロジスティードにとっては競合他社との差別化や業務効率化というメリットがあることは言うまでもありません。

しかしここで特筆すべきは、このサービスを受ける顧客がそのプロセスの中で、「訪問が一度で済む」という変化を実感でき、「CO_2削減というソーシャルグッド」を容易に、当たり前に体感（少なくとも推察）できる点です。単に、「我々はCO_2削減に取り組んでいます」と発信するのと、こうしてサービス提供のプロセスの中で「体感」してもらえるのとでは、ソーシャルグッドの実感値がまったく違ってくることは明らかです。

▼成功法則⑤　明確なゴールがある

ゴールがなければ目標管理に落とし込めない

営業でもマーケティングでも、通常はＫＧＩやＫＰＩを設定して、その目標達成に向かって突き進みます。ところが、ブランドについては具体的な狙いや数値的な目標が曖昧のまま進められ、効果測定についても認知度調査や満足度調査などおざなりな形に終始し、結果をまとめて終わりになることが大半です。

ブランドの重要性は中長期的な視点では認識されていますが、ブランドの認知度と売上などの因果関係を証明するのは容易ではないため、具体的な目標が設定されることはほとんどありません。売上に直結しないものに、人員や予算を割くのは難しいとして、前記のような扱いになりがちなのです。

しかし、サステナビリティ・ブランディングで成功を収めている企業は違います。何のためにブランディングするのかが明確です。優秀な人材を採用したいからなのか、トップシェアを取るためなのか、ブランディングの目的を明確にするからこそ、ブランドがあるべき姿を実現していく道筋をロードマップで見える化し、業務の仕組みに組み込んでいくことができます。

そうして、初めてブランドコンセプトの数値化が可能になり、目標設定に落とし込むことができるのです。具体的には、次のように進めます。

〈ブランドロードマップの要素〉

・大きな目標（定量、定性目標＝ＫＧＩ）

↓

・目標の実現に向けた注力指標（注力指標＝ＫＰＩ）

↓

・指標達成に必要な部署別活動テーマ

といった具合に、「目標管理の単位＝各部署の活動」にまでブレークダウンしています。

「〝あったらいいな〟をカタチにする」を数値化している「小林製薬」

「小林製薬」を例に見てみましょう。

傷あと改善薬「アットノン」ではシェア96％、「熱さまシート」でシェア56％を誇る同社では、「小さな池の大きな魚」戦略を打ち出しています。

これは、みんなが釣りに来る大きな池（市場）ではなく、新しい池で新商品を出し続けることで新市場を創造し、ＰＤＣＡを回して5～10年かけて大きな魚（新商品）を育てていく、というブランディングの大きな目標を明確化しています。これがいわゆるＫＧＩです。

そして、「〝あったらいいな〟をカタチにする」というブランドコンセプトを、「新製品単年寄与率（1年間の売上に対するその年に発売した新商品の売上高寄与率）」「4年寄与率（1年間の売上に対して発売から4年を経た商品の売上高寄与率）」という定量目標（ＫＰＩ）として数値化し、経営指標に盛り込んでいます。

当初は「資源を集中して、全社を挙げて毎年2～4品の市場定着に取り組む」と各部署のアクションを設定していましたが、ＫＰＩをウォッチし続けた結果、新製品単年寄与率は低下傾向であるものの、新商品の育成・定着を進めたことで4年寄与率が上昇しているという傾向が見えました。そこで今後は「半期に2つ以上の新商品単年を育成し、市場に定着させる」という新たなアクションが各部署に示されました。

もし目先の売上だけを追いかけていたら、投入した新商品はことごとく消えていった可能性が高いでしょう。血で血を洗うレッドオーシャンではなく、新商品を出し続け、時間をかけて育てていくことで、競合のいないブルーオーシャンの新市場を開拓するという中長期のＫＧＩがあるからこそ、覚悟を決めて、４年という長い時間への投資ができるのです。

▼成功法則⑥　ブランドコンセプトとカルチャーが適合している

ブランドの限界を決めるカルチャー

組織のカルチャーは、マサチューセッツ工科大学で組織開発、カルチャーの分野で研究を行ってきたエドガー・Ｈ・シャイン教授によって、次のように定義されています。

「ある特定の集団が外部への適応や内部統合の問題に対処する際に学習した、集団自身によって創られ、発見され、また発展させられた基本的仮定のパターンであり、それはよく機能して有効と認められ、したがって新しい成員にそうした問題に関しての知覚、指向、感覚の正しい方法として教え込まれるもの」

要するに、カルチャーとは「明確に言語化されていないながらも、ある特定の組織の価値観・判断行動基準となっているもの」、あるいは「その組織内での行動に対する暗黙の前提となっているもの」をいいます。

この章の冒頭でお話しした任天堂は、社是・社訓がないことで知られています。それだけで独自性の高いカルチャーであることがうかがえるでしょう。

世の中にWiiが登場したのは、2006年のことですが、難度が上がって複雑化していた当時のゲームの世界に、Wiiはゲーム機の性能を誇示するのではなく、「家族で楽しむ」という新たな価値観を提示しました。

その発想の源となっているのが、同社のカルチャーです。

Wiiについて、故・岩田聡社長は「(社是・社訓がないことが)任天堂イズムなんですね。だって、社是社訓の通りに動いていたら、人々は(お客さん)は飽きてしまうから」と語っています。「娯楽を通じて人々を笑顔にする会社」だからこそのカルチャーといえるでしょう。

いずれにしても、経営者の姿勢がカルチャーには色濃く反映されます。任天堂イズムが口だけのものであり、組織に浸透していなければ、「家族で楽しむ」という新たな価値観が生み出されることはなかったかもしれません。Wii自体は製品としての寿命を終えましたが、今なお任天堂という名前から想起されるイメージの一端を担っているのは間違いないでしょう。

99％を動かす1％のドライバー

また、「私たちは、故郷である地球を救うためにビジネスを営む」という企業理念で有名なアウトドアブランドの「パタゴニア」は、意外にもこの経営理念について社員やスタッフに説明するわけでもなく、一人ひとりが自発的に自然のためにすべきこと、すなわちソーシャルグッドを考え、行動するカルチャーが根づいています。

特別な研修もなければ、接客マニュアルもありません。販売スタッフのノルマもないため、他社の服を着ている顧客が類似商品を買おうとしているような場合には、各スタッフの判断で本当に必要かどうか再考を促すこともあるといいます。無駄なモノを買うのは、環境に悪影響を及ぼすことにつながるからです。

社会貢献企業としてのブランドを確立した背景には、こうしたカルチャーの徹底があります。一方で、社員やスタッフの採用では、自然環境や社会貢献への関心の度合いで選別するようなことはないといいます。働く中で同社の企業理念、カルチャーに共鳴し、浸透していくのです。当時の日本支社長はインタビューで「99％は普通のビジネスと同じだが、〝環境に配慮する〟という残り1％の姿勢を最優先することで、99％のビジネスを回している」と答えています。

パーパスなども含めたカルチャーはまさにこの1％にあたるもので、普段あまり意識されることはありませんが、社員の行動に強く影響する重要なファクターとなっています。どれだけ優れたブランド戦略を描いても、カルチャーがその戦略とマッチしていなければ、社員の行動には結びつきません。ソーシャルグッドを起点としたサステナビリティ・ブランディングを実践しようとしても、組織にチャレンジ精神や中長期で物事を考えていく文化が根づいていなければ、実践はおろか、俎上にすら載せられずに切り捨てられてしまうでしょう。

長く続いている企業は、外部から見るブランドとカルチャーにギャップをほぼ感じさせません。各企業で方向性の違いこそあれども、「こういうカルチャーで、こういう人たちがいて、こういう雰囲気だから、こうしたサービスが提供されているんだ」と、誰もが納得のいくところばかりです。カルチャーがブランドを作るのです。

▼成功法則⑦　ずれがあれば、ブランドコンセプトではなくカルチャーを変革する

カルチャーをクレドとして見える化する

任天堂やパタゴニアは、言ってみれば、もともとのカルチャーとリンクするブランド戦略を描く方法を取っていますが、ブランド戦略におけるカルチャーの捉え方にはもう一つの方向性があります。ブランドに合わせて、それを実現できるカルチャーへと変革していく方法です。

けれども、カルチャーを変革するのは、カルチャーが持つ次の3つの特性により、容易なことではありません。

〈カルチャーの特性〉

・目に見えない

目に見えるものではないため、人によって解釈や見解がさまざま。そもそも文化に絶対

的な解はないため、優良企業の文化が他社でも同じように機能するとは限らない。

・当たり前すぎる

当たり前すぎて自覚しにくい。特に社歴が長い人ほど、自社の文化が当たり前になっていて、明確に認識できていないことが多い。

・上位者の影響が強い

ボトムアップで変えようとしても、上位役職者の振る舞いや態度が同調圧力を生み、変革を妨げる。

こうした特性から、カルチャー変革のビフォー・アフターが描きにくいことが最大のボトルネックとなっています。それを解消する有効な手段が、カルチャーの定量化、見える化です。「あるべきカルチャー」のありようを言語化し、クレド（行動指針）に紐づけることが大切です。

当社では、「カルチャー調査」というサービスを提供していますが、これは図表4－4のように、カルチャーを「スピード重視⇕精度重視」「チームワーク志向⇕個人主義志向」など16の対抗軸に類型化し、現在のカルチャーを見える化すると同時に「社員が期待しているカルチャー」も併せて把握するものです。もし「協調性」を望む社員が多いのであれば、行動を引き出すために、必要な目標を設定することができるようになっています。

実際にこの調査を実施し、クレドの策定に活用したA社を例に見ていきましょう。

調査前のヒアリングでは、A社は事業や業務の特性として、個々人の業務が比較的独立していることから、「社員のエンゲージメントが低い」「会社としての一体感に欠ける」ことが課題となっていました。

実際の調査結果もほぼ想定どおりでしたが、調査をしたことで大きく変わったのは、これまで何となく感じていたカルチャーの現状が定量的に「見える化」されたことでした。課題の存在や危機感、社員を束ねる軸を明確にする必要があるなど、改善ポイントを共通認識できるようになったということです。

調査結果の中から、「社員が期待するカルチャー」と「現状感じているカルチャー」のギャップが大きいところを、7つのキーワードとしてピックアップし、それを「誠実さ」「チーム主義」と5つにまとめ、クレドと定義しました。

ただ、繰り返しお話ししているように、ある意味、策定以上に重要なのが、社員や組織への浸透です。

図表 4-4　カルチャーを構成する 16 軸

拙速主義(スピード重視)	完全主義(精度重視)
現実志向	理想志向
自由裁量・柔軟性	拘束性・硬直性
リスクへの挑戦・革新性	現状維持・保守性
自己責任性	責任回避性
信賞必罰	温情主義
自立性	依存性
対立・葛藤の許容	ことなかれ主義
競争性	協調性
自己表出・個性発揮	自制・没個性
明朗・活発	沈着・慎重
チームワーク志向	個人主義志向
プロセス志向	結果志向
支持	非支持(反対・反論・反駁)
全体志向	部分志向
長期志向	短期志向

豊橋創造大学と(株)日本経営協会総合研究所の研究

そこでA社では、策定したクレドを人事評価制度に組み込み、行動評価の10％を行動指針に関するものにしました。

それを受けて、社員向けのワークショップを3カ月間で70回ほど実施しました。ワークショップでは、クレドを自分事と考え、ブランド価値を日々の業務にどう結びつけるかを考えるきっかけになることを意識しています。ワークショップ後に実施したアンケート調査では、クレドに共感する社員の割合が受講前の10％から、受講後は80％に大きく上昇しました。

また、クレドの実践によって成果を上げた取り組みを、社員全員からの投票の結果を受け、役員にプレゼンするプロセスを経て表彰する制度も導入しました。エントリーする部署の社員はもちろん、投票する社員にとっても、クレドについて考えてもらういい機会となっています。

カルチャーは生き物

しかし、定着したからといって、安易に啓蒙活動をストップしてはいけません。クレドの中でも、効果が出やすいものと、出にくいものがあります。また、トップの交代や、そこで働く人の入れ替わりなどがあるので、カルチャーの質は常に一定とは限りません。定期的な調査を行いながらＰＤＣＡを回し、ブランド価値を実現するためのカルチャーとなっているか、常にウォッチし続けていくことが必要です。

クレドを一貫・継続してブラッシュアップし続けているのが、「コマツ」です。海外での売上が80％以上を占め、外国人社員も60％というグローバル企業であるコマツは、これまでさまざまな困難を乗り越えてきた同社の強さ、強さを支える信念、基本的な心構え・視点、それを実践する行動様式などを、ＯＢへの聞き取り調査などをもとに、６年かけてまとめた「コマツウェイ」を２００６年に完成させました。

なお、クレド、ウェイ、ＤＮＡ、行動指針など、さまざまな用語がさまざまな定義で語られていますが、本書でいうクレドとコマツに代表されるようなウェイは同質のものです。

文化や習慣の異なる全世界の社員がコマツのＤＮＡである「コマツウェイ」を共有し、実践していくために、推進活動や人材育成が行われています。

具体的には、社内研修にコマツウェイが織り込まれ、解説とグループ討論の場を設け、社員の気づきや理解を深めています。職場でも定期ミーティングが開かれ、考え方の説明や体験談の発表により、世代間のコミュニケーションを活発にして伝承・定着を図っているそうです。また、海外グループ会社で推進するにあたり、習慣や文化の違いを理解しつつ、社員にわかりやすい説明を行い、その根拠に根づいたコマツウェイの推進に努めています。

第二版からは海外グループ会社の意見も取り入れ、さらに海外に普及するにつれ、いいところは徹底的に褒め、何度もありがとうを言う海外の文化がコマツに入ってきて「褒める文化」が浸透し始めます。つまり、グローバルの社員に影響を受け、カルチャーが変化しているのです。

第三版となった現在は、13カ国語の現地語版も作成されています。

経営者が見本となれるか

こうしたカルチャーと関係が深いのは、経営者の姿勢です。仕組みやルールを変えたり、整備したりしたとしても、経営者自らが実践していなければ、カルチャーは変わりません。社員は経営者や経営者の行動を見て腹落ちしない限り、本気になって取り組みはしないからです。

こう言うと、「ボトムアップ式の組織もある」という声が聞こえてきそうですが、それはもともとしっかりしたカルチャーがあったにもかかわらず、中間管理職があるべき姿を曲げてしまった場合に限ります。組織がうまくいっていないことに気づいた経営者が、現場の動きをしっかりキャッチアップしたという構図であり、本当に下から変革が進んだ組織を、私は見たことがありません。

せっかく商品開発の意思決定のプロセスにブランド担当者が関われるように仕組みを変えたとしても、決定権を持つ本部長や執行役員がその意図を理解しておらず、結局、鶴の一声ですべての意見が却下されてしまうようなら、余計にやる気を失わせることになります。

経営者がどれだけ覚悟を決めて取り組めるか。自身が実践し、事業部の責任者などにも適切に圧力をかけ、意識を改革できるか。それがカルチャーを変革する前提条件になるのです。

▼成功法則⑧ ブランドを社内に浸透させるインナーブランディングを徹底している

カルチャー変革は仕組みづくりとセットで行う

ブランドコンセプトは、数値化して業務の仕組みに反映させていくだけでなく、組織の仕組みに落とし込んで初めてブランドを社内に定着させ、加速させていくことができます。そのためには、抽象度の高いブランドコンセプトを、社員が行動できるクレドやバリュー（行動指針）にまでブレークダウンし、さらにそれを評価制度などの組織運営のメインルールに組み込んでいくことが必要です。

また、クレドブックなどのツールを作成して社員に渡したり、ワークショップなどの「場」を数回開いたりしただけで終わりにするのではなく、定期的にクレド共有会などを実施して周知を図り、クレドへの取り組みを表彰制度や行動評価などに組み込んでいきます。「成功法則⑦」で紹介したA社の取り組みが、まさにこれにあたります。いくらKPIを掲げても、それに取り組むことがチームや個人の評価につながらなければ、一貫・継続したアクションを取り続けることはできません。

なお、現状、ブランド戦略を担当するブランド推進室などに、大きな権限が設定されている企業はごくわずかです。本来なら、意思決定のプロセスに関われたり、ブランドコンセプトに反する意思決定を差し戻せたりする権限を設定することが大切です。

また「成功法則⑥⑦」では、カルチャーについてお話ししましたが、ブランドの目指す価値とカルチャーにずれがあると、せっかくブランドコンセプトに合わせて仕組みとルールを作ったにもかかわらず、結局、最終段階で本部長や執行役員にすべてひっくり返されるといったことが起きてしまいます。前述のとおり、せっかく仕組みづくりをしても、カルチャーが邪魔をして浸透しないことがよくあります。だからこそ、カルチャーの変革と仕組みづくりをセットで行うのが理想です。

クレドを掲げただけでは、仕組みやルールは機能しない

インナーブランディングを徹底するためのカルチャー変革とセットで行うべきなのは、仕組みづくりだけではありません。クレドやバリューを社内に浸透させるために、ワーク

ショップやクレド共有会などを定期的に開き、繰り返し伝えていくことが必要です。

インナーブランディングについて語るとき、私がいつも思い出すエピソードがあります。数年前、クレドに基づく究極のホスピタリティ体験ができることで知られる高級外資系ホテルが、ある地方都市で開業しました。

そのニュースを目にした私の頭に真っ先によぎったのは、「いくら素晴らしいクレドがあっても、開業スタッフにそれを徹底できるだろうか」ということでした。

このホテルは絶対にお客様にNOを言わないことで知られています。プールでコンタクトレンズを落としたお客様のために、全従業員が5日間かけて探し出したというエピソードもあるほどです。つまり、お客様は究極のホスピタリティを期待してやってくるため、開業間もないからオペレーションがスムーズにいかなくても仕方ないという言い訳が許されないのです。

それに対し、地方で開業されるホテルの運営は、運営専門の会社に委託されることが多く、さらにスタッフは現地採用されるのが一般的です。

ホテルと運営会社、現地スタッフとが連携し、本家と変わらないクオリティのサービスを提供するのは、相当ハードルが高いのではないか。そんなふうに考えてウォッチしていたところ、クチコミサイトに「失望した」「本家と全然違う」という書き込みが相次ぐ事態となっていました。

やはり、いくら素晴らしいクレドがあり、たとえ組織の仕組みに落とし込まれていたとしても、それがスタッフ一人ひとりに浸透し、行動に移せるようになるまでには、時間をかけて腹落ちするまでクレドの大切さを説き、ミーティングなどでお客様対応について何度も話し合っていくことが必要になるのです。

その後、テコ入れが行われたのか、今では本家と遜色ないサービスが提供されるようになり、クチコミも好意的なものばかりとなっています。

クレドを策定するのは大切ですが、クレドカードやクレドブックを読んだだけ、短期間研修を受けただけで実践できるものではないことを実感したエピソードです。

5章

選ばれにくい時代の
BtoBブランディングの考え方

根強いBtoBブランディング不要論

BtoB企業では「BtoCと違って顧客が限られており、広告宣伝による費用対効果は悪い」という考えが根強くはびこっています。しかし、ここまで繰り返しお話ししてきたように、ブランディング＝広告宣伝ではありません。むしろ今、BtoCよりBtoBビジネスのほうが、サステナビリティ・ブランディングの重要性がより高まっているといっても過言ではありません。

その理由は大きく3つあります。

1つ目は、顧客の意思決定までのプロセスが大きく変わったことによります。

これまでBtoB営業は対面が基本でした。顧客企業の要望をヒアリングしながら、その顧客のニーズを引き出し、ソリューションを提案するのが従来のアプローチ方法でした。しかし、オンライン化が進んだことで、顧客はまず自分たちで情報収集や検討を行い、営業担当者に接触するときは、ほぼ製品やサービスの絞り込みは終わっている状態が一般的となりました。

BtoB企業がこぞってホームページやオンラインのサービスの充実を図ったことで、プレイヤーも製品も飽和状態となる中で顧客から選ばれるには、顧客が情報収集をしている段階で、ブランド力により想起集合に入り、検討の候補に挙がらなければ、戦いようのない時代になったのです。

2つ目の理由は、どのような環境変化にも対応できるように、認知度を上げておく必要性が高まっていることです。

B to Bビジネスの意思決定においては、多くの関係者が関わることに加え、機能や費用対効果、アフターサービスなどの多くの検討項目を、個人の購買意思決定に比べて可能な限り網羅的に検討すべき要請が強く、購買プロセスは長期化する傾向にあります。こうして時間やコストをかけて選んでいるため、B to Bでは一度取引が始まると、長期にわたり取引関係が続くのが普通です。

また、定価と実売価格に大きく開きがあったり、値引・割引・リベートなども行われていたりするため、他社との価格の比較がしづらくなっているほか、万が一、新たな取引先に発注して問題が起きれば、選んだ担当者の責任問題に発展しかねないので、そう簡単に切り替えられることはありませんでした。

このように、これまではB to Bは長期にわたる取引が前提であり、製品やサービスを提供する側となる営業担当者からすれば、顧客の囲い込みこそが使命でもありました。

ところが、近年は顧客がＷｅｂやＳＮＳなどを通して他社の情報を得ることが容易になっています。特にコストカットにつながる場合、確実かつ容易に成果を上げやすいため、むしろ積極的によりよい条件の取引先を探すところが増えています。

今までは、こうしたリスクを強い人間関係を築くことで回避してきました。しかし、いわゆる飲みニケーションの機会を持つことすら難しい現在、人と人とのつながりで顧客を囲い込むのは容易なことではありません。

だからこそ、ブランディングがＢtoＢでもカギを握るのです。自社の価値を高めて価格を維持したり、認知度を高めて新規顧客から声がかかりやすくしたりしないと、先細りは避けられません。むしろ自分たちが販売相手を選ぶ側に回れるようなブランディングをしていかなければ、企業の存続が危うくなる状況が生まれているのです。

そして、３つ目の理由は、デジタル人材や技術者を筆頭に、優秀な人材の奪い合いが起きていることです。今後、ジョブ型雇用が広まれば、労働市場を通じて競争が激化するのは明らかです。

また、新卒採用においても、エンドユーザーとの接点が少ないＢtoＢ企業は、どうしても知名度で不利な立場に置かれます。少子化も相まって、売り手市場が続く中で、優秀な人材から選ばれるには、採用戦略にインナーブランディングが欠かせなくなっています。最近では、入社前に人事だけでなく現場の社員に話を聞く懇談会などの場が設けられることが増えています。せっかく認知を高め、人事が企業の魅力をアピールしても、現場の社員の言動がブランド価値とずれていたら意味がありません。だからこそ、社員に対してブランド価値を認識して共感してもらい、浸透させていくインナーブランディングの重要性が高まっているのです。

B to B企業こそソーシャルグッドの視点を持ちやすい

じつはソーシャルグッドの視点をブランディングに活用しやすいのも、B to CよりB to Bビジネスです。そのことに自覚的なB to B企業の代表が、前章でも紹介したコマツです。コマツでは、「本業を通じて社会の要請に応えていく活動」を行い続けていくことを、サステナビリティの基本方針として掲げています。顧客や取引先、社員、社会との関係が、「安全で生産性の高いソリューションで、あらゆるステークスホルダーと共存共栄を目指す」というソーシャルグッドを起点に構築されているのです。

これがいかに画期的なことかというと、これまでコマツのような重機を扱うメーカーのビジネスモデルは、重機の販売・リースによって利益を得て、アフターサービスなどは無料で行うのが普通でした。同社はこの〝無料〟部分にフォーカスし、「コムトラックス」というGPSとインターネット回線を使った独自のITシステムを、自社の重機に標準装備することを選択しました。

1台につき10万円以上といわれるシステムを全製品に装備するのは大きな決断でしたが、世界中で稼働している自社機械のさまざまな情報が得られるようになり、いち早くトラブルを察知して素早い対応を取ったり、定期点検を促して事前に故障を予防したりすることが可能になったのです。

建設会社にとっては重機の故障で現場がストップしてしまうリスクが激減し、コマツにとっては安価な消耗品や部品を扱う競合に顧客を奪われずに済むという、Win-Winの関係が構築されたのです。

このことをブランド戦略の視点から見ると、コマツがブランディングに成功した理由は、自分たちを「重機メーカー」ではなく、「顧客の新しいビジネスを成功させるパートナー」

と自己定義したことにあります。

それを象徴しているのが、コマツが行っているブランドマネジメント活動です。

・作ったモノを売るのが「セリング」
・顧客のニーズに合ったモノを売るのが「マーケティング」
・売れ続けるための仕掛けをつくるのが「ブランディング」

と位置づけ、顧客にとってコマツでなくてはならない度合いを高め、パートナーとして選ばれ続ける存在（サステナビリティ）になることを目指し、ブランディングに取り組んでいます。

それぞれの顧客との関係性も、「コマツでないとダメ」というレベル7から「コマツは付き合うに値しない」というレベル1までの7段階に分類し、営業担当者一人ひとりがすべての顧客との関係性を1段階でも引き上げることを目指しています。

先に挙げたコムトラックスのシステムも、客先に足を運ぶ技術者の人件費を減らしたい、商圏を広げたい、というところからの発想ではなく、あくまで「顧客のため」「安全で生

図表 5-1　コマツの顧客関係性７段階モデル

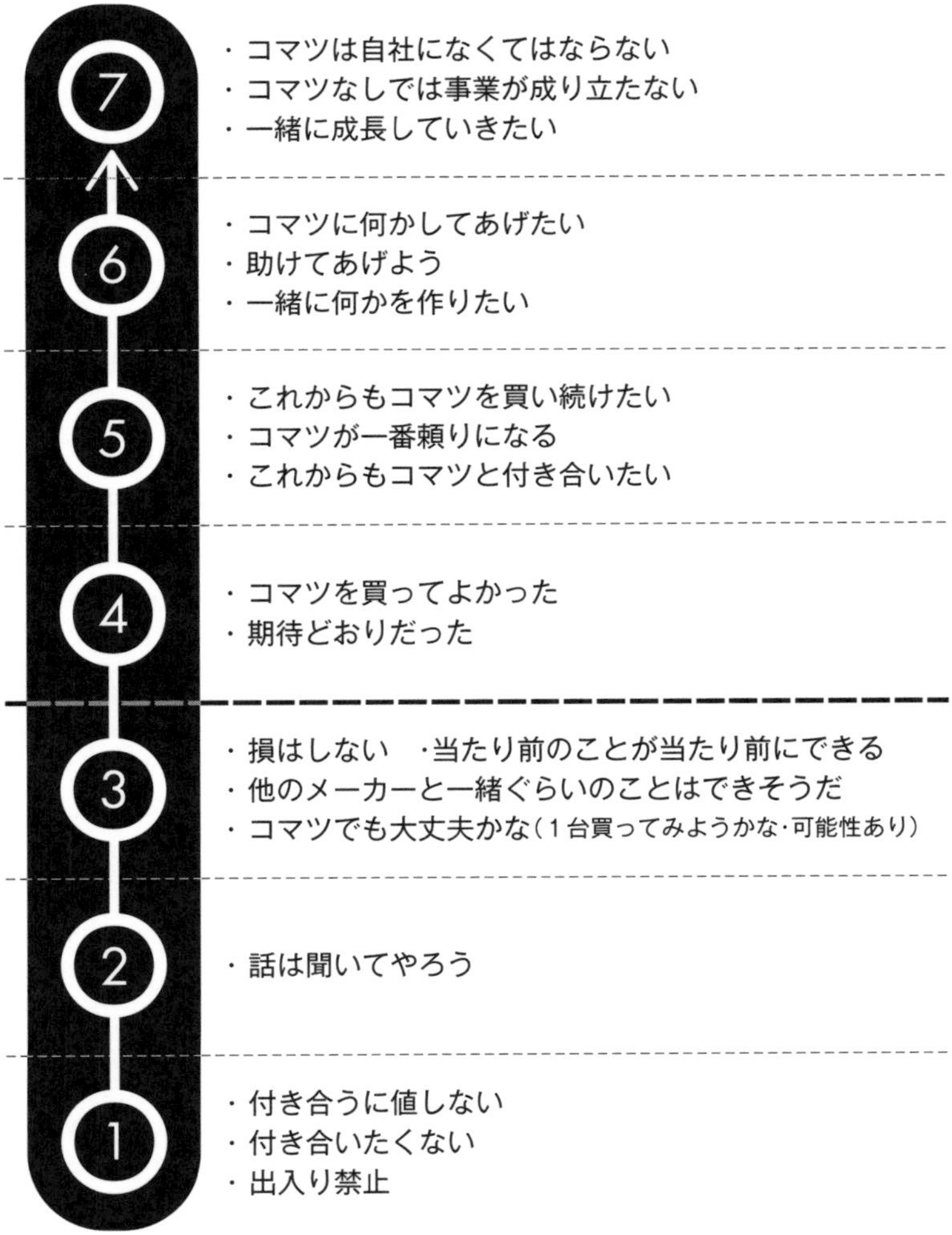
7
・コマツは自社になくてはならない
・コマツなしでは事業が成り立たない
・一緒に成長していきたい
6
・コマツに何かしてあげたい
・助けてあげよう
・一緒に何かを作りたい
5
・これからもコマツを買い続けたい
・コマツが一番頼りになる
・これからもコマツと付き合いたい
4
・コマツを買ってよかった
・期待どおりだった
3
・損はしない　・当たり前のことが当たり前にできる
・他のメーカーと一緒ぐらいのことはできそうだ
・コマツでも大丈夫かな（１台買ってみようかな・可能性あり）
2
・話は聞いてやろう
1
・付き合うに値しない
・付き合いたくない
・出入り禁止

産性の高いソリューションで顧客や社会に貢献するため」という点で首尾一貫しています。顧客ですら、僻地で重機を扱える人材の採用・育成をするのは難しいとしり込みするようなエリアでも、AIを開発して遠隔操作の技術で管理・コントロールし、開発計画にも一緒にコミットする営業スタイルが、顧客にとって「コマツを選ぶ理由」になっているのです。

コマツのソーシャルグッドな取り組みは、対顧客だけにとどまりません。1969年にはいち早くコマツと取引のある部品サプライヤーから成る「コマツみどり会」を組織し、後継者難やM&Aリスク、廃業リスクなどの問題について対応策をサポートしてきました。さらに、協力企業や世界各地のサービス代理店による技能の向上・伝承をサポートするため、「オールコマツ技能競技大会」の開催や、技能トレーニングセンターの設置なども行っています。

このような顧客や取引先へのソーシャルグッドを起点とした取り組みは、BtoBビジネスでは意外に行われてきませんでした。

私自身、BtoBビジネスの営業として働いていた時期がありましたが、取引回数や取引金額など、どれくらい自社にお金を落としてくれそうかというポテンシャルで顧客に優先順位をつけ、その中から引き合いを取ってくるという営業スタイルでした。

しかし、こうした自社の利益優先の営業スタイルは、あらゆるステークホルダーとのWin－Winの関係を目指すサステナビリティ・ブランディングにはそぐわないことを今は確信しています。

BtoBでも合理的判断がすべてではない

またBtoBのブランディングについてのもう一つの誤解に、「BtoBは扱う金額が大きく、意思決定者も多いので、合理的な理由がないと購入に至らない」というものがあります。BtoCであれば、〝何となくいい感じ〟で購入を決める人はいても、BtoBではあり得ないというものです。

しかし、みなさんの経験上はいかがでしょうか。BtoBでは、本当に合理的な理由だけで取引先や購入の是非が判断されているでしょうか。さまざまな比較検討が行われても、結局のところ、発言力の強い上司の一存で決まるという〝不合理〟な判断がなされているケースを誰もが体験しているはずです。

あるいは、製品やサービスの内容や価格など、個別の比較ではA社のほうが上回っていても、「B社のほうが信頼できそうだ」「ネットの書き込みを見ると、B社のほうが、評判がよさそうだ」「あんなに何度も足を運んでもらっては断れないだろう」といった〝情緒的な理由〟でB社に決まることは珍しい話ではありません。価格の比較ですら、そこには品質やサービス内容が含まれるため、むしろ〝合理的な理由〟だけで決まるケースのほうが稀です。

たとえば、岡山市にある「タグチ工業」が提供する「クサカルゴン」は、ショベルカーの先端に装填する巨大な草刈り機で、48枚の歯が高速回転し、雑草を根こそぎ刈り取っていきます。

同社ではその様子を動画で撮影し、「【MOVIE】KUSACARGON THE MOVIE／たったひとりで3000坪の草刈りをする物語」として紹介しています。中国・四国と山陰エリアではテレビCMとしてもオンエアされ、製品の比較検討に加えてもらえるようになるといった効果が出ているそうです。

もともとは新工場の設立予定地の草を刈るついでに、自社製品の機能性を表現したいという狙いだったそうですが、動画では機能や性能について詳細に触れられていないにもかかわらず、そのパワーを体感できる内容となっています。

「ふわっとしたイメージでは買わない」とされるBtoBですが、クサカルゴンと同じ性能の製品があっても、この動画を見たら、やはりクサカルゴンのほうを選びたくなるのではないでしょうか。本書ではブランディング＝広告宣伝ではないとお話ししてきましたが、自分たちが伝えたいブランド価値（この場合は、クサカルゴンの圧倒的な性能）を表現するのに動画やCMが向いているのであれば、それはもちろん効果的な打ち手となってくれます。

逆説的にいえば、渾身の提案や優れた製品やサービスが、情緒的な理由で排除されることのないように、情緒的な面でもブランディングが大切になってくるのです。

想起集合の中に入ってこそ選ばれる

とはいえ、たしかにBtoBビジネスでは、取引関係が強固なものとなっていて、その間に割って入るのは容易なことではありません。しかし、ノーチャンスかといえば、そうではありません。「商品やサービスでミスが起きた」「担当者のコミュニケーション能力が低い」「価格を見直したい」「アイデアが古い」など、何かしらの不満を抱えているケースは少なくありません。

そんなときに、想起集合の中に入り込めていると、声がかかる可能性が出てきますが、漏れていればノーチャンスです。これは非常にもったいないことです。というのも、Ｂ to Ｂビジネスでは想起集合といっても、何社も頭に浮かぶ担当者は少なく、浮かんでもせいぜい2、3社だからです。想起集合に加わることさえできれば、仕事につながる可能性が高いのです。

たとえば、現在、仮想店舗などメタバースの活用が一般企業においても注目を集め始めていますが、こうした新しい技術については、ＩＴ産業の中でも既存企業よりベンチャーなどの新参組のほうが秀でていることが少なくありません。

ところが、そうした企業は技術先行でブランディングがなおざりのため、想起集合の中に入り込めていません。相手は話を聞いてみたくても、どこに声をかければいいかわからないので、結局、既存の取引先と話を進めることになるのです。

その結果、既存の取引先の下請けとなるか、既存の取引先が相談に乗りながら技術を学んでしまい、新参組は入り込む余地がなくなってしまうのです。

買い叩かれるとサステナビリティの実現は難しい

よく知られる話ですが、自動車メーカーにおける自社の技術の空洞化が問題になっています。さらに、部品メーカーも後継者が育たず、廃業するところが増えていると聞きます。同じ構図が多くの製造業で見られています。

さまざまな要因によるものですが、その一つは囲い込みによる買い叩きです。ＢtoＢビジネスにおいて、特定の取引先との関係強化は、短期的には経営の安定化をもたらしますが、同時に競争力も奪われるため、発注者側に求められれば、価格を勉強せざるを得なくなります。

こうしたじり貧を避けるためにも、取引先企業から見て「うちとの取引がなければ生き残れない会社」と足元を見られるのではなく、「他社に引き抜かれると大変なことになる」と思わせるバリューを生み出さなければなりません。まさにただのブランディングではなく、サステナビリティの視点が重要になるのです。

また、ＢtoＢ企業がブランディングを行うことで、まったく別の業界から声がかかり、自社で有している技術の新たな活用への道が開けるケースもあります。

特に素材系の企業などでは、こうした話がよく聞かれます。

海外での認知度向上を目指したブランドコンセプトに社員が熱狂

ＢtoＢで想起集合に入ることの重要性が実感できるケースとして、２０００年代に欧米に進出して成功を収めた「横河電機」を紹介しましょう。

プラント向けの制御システムなどで知られる横河電機は、国内やアジアではマーケットリーダーとして認知されていますが、欧米ではまだまだ認知度が低い状態でした。

そうした状況の中で行われたのが、２００５年から始まった「Ｖｉｇｉｌａｎｃｅ（ヴィジランス）」キャンペーンでした。Ｖｉｇｉｌａｎｃｅとは、一晩中眠らないで見張りをする「不寝番」を意味します。

Ｖｉｇｉｌａｎｃｅという言葉を打ち出したのは、事前のヒアリング調査を行う中で、プロモーションに長けていて、ブランドでは圧倒的な知名度を誇る欧米企業の製品やサービスに対して、顧客が必ずしも満足していないことがわかったからです。

その一方で、知名度は低くても、自社の顧客の満足度は高く、クチコミで周囲に勧めてくれているケースが多いことから、自社のあるべき姿を模索し、「お客さまの製造設備を24時間365日稼働保証するBtoBに生きる横河電機の使命感」を表現する言葉として、Vigilanceにたどり着いたといいます。

なじみのない言葉だけに、当初は社内でも、全面的な支持を得られたわけではなかったようですが、欧米の各拠点にいる社員には、自分たちのあるべき姿を表現した言葉として熱狂的に受け入れられました。その証拠に、Vigilanceを取り上げたとある論文の中には、社員たちが盛り上がってVigilanceのロゴをおでこに貼っている写真が掲載されているほどです。

こうして2007年には、最も弱いとされていた北米でのエンドユーザー認知度も60％まで向上し、そのほかのエリアでは100％を達成しました。キャンペーン前は100億円程度だった海外売上は、2013年には2500億円を超えました。

当時の熱狂を一過性のもので終わらせることなく、2015年にはVigilanceを一事業だけでなく全社のブランディングに活用するようになり、現在ではさまざまなソリューションがVigilanceを軸に展開されています。

インナーブランディングの強化で社員の士気、採用力がアップ

横河電機のVigilanceへの取り組みは、「お客様からの当社の認知度・信頼度を高めたのはもちろん、世界中の従業員のモチベーションを高めるきっかけとなった」(YOKOKAWA 100周年記念サイトより)と総括されており、アウターブランディングがインナーブランディングにも効果があったことが言及されています。

最近では、BtoB企業によるCM、自社の歴史や事業を伝えるためのミュージアム建設、工場見学の実施、オウンドメディアの運営などが増えていますが、こうした取り組みには、顧客や取引先への情報発信というアウターブランディングだけでなく、むしろ自社の社員に向けたインナーブランディングの役割のほうを重視している、という共通点があります。

建設市場の縮小や業界の人材不足、環境への影響などが懸念されるゼネコン各社は、訴求力の高いコーポレートメッセージを発信したり、SDGsなどへの取り組みを効果的な広報戦略に落とし込んだりするなどの活動を展開しています。

なかでも「大成建設」は「地図に残る仕事。」をキャッチフレーズに、2011年よりアニメーションCMをスタートさせ、『君の名は。』などで知られる新海誠監督による印象

的なＣＭは大きな話題となりました。

当時の広報担当者に話を聞く機会があったのですが、やはり意識していたのは対社員でした。当時、ゼネコン業界は不祥事が次々と明るみとなり、環境意識の高まりもあって、自分たちの仕事に誇りを持てなくなる社員が増えていました。そんな中、世界各国で地図に残るインフラを作っている、自分たちの仕事には意味があるのだと感じられるＣＭを通じ、従業員満足度の数値は改善し、「自分たちは何のために、この会社で働くのか」について社員同士で話し合う場が自発的に立ち上がり、就活生の業界別人気ランキングでも順位が改善したそうです。

ＢtoＢ企業におけるインナーブランディングの例をもう一つ紹介しましょう。

富山県高岡市の地場産業である金属鋳物のメーカー「能作」は、職人が高温で溶けた金属を鋳型に流し込むといったものづくりの現場を間近で見学・体験できる、鋳物のテーマパークのような工場を新設しました。

オープンするとすぐに県内有数の観光スポットとなり、10万人を超える来場者を集める人気ぶりです。

以前の工場でも工場見学を受け入れていましたが、当時は年間1万人程度だったそうです。新工場は、年間売上高13億円だったにもかかわらず、16億円をかけて新社屋とともに建てられました。

この無謀ともいえる挑戦を後押ししたのは、伝統産業は地元の誇りでもあるはずなのに、衰退産業だと思われている状況を変えたいという社長の思いでした。

結果として、多くのお客様に仕事を直接見てもらうことで、職人のモチベーションが高まったのに加え、以前は見向きもしなかった地元の大学の卒業生たちが、入社を希望してくれるようになったといいます。

Ｂ to Ｂブランディングを DＸで加速する

Ｂ to Ｂ企業でもさまざまなブランディングの切り口があることがおわかりいただけたと思います。

その中で最も重視すべきは、加速する一方のオンライン化への対応です。現在、営業やマーケティングなどにまつわるプロセスや組織体制を再構築し、ＤＸ（デジタルトランスフォーメーション）を進めようとしている企業は多いのではないでしょうか。

しかし、その中にブランディングの視点が抜け落ちているため、「目先のデジタル化対応」に終始するケースが多く、ＤＸがサステナビリティ経営につながっていきません。

主にマーケティング分野ではＩＴ化が進んだことでさまざまな手法が登場し、それらが顧客の属性情報、アンケート回答、購買履歴などとしてデータベース化されることで、さまざまなマーケティング施策ごとにリード獲得数、その後の商談化率、ＣＰＡなどのＫＰＩが設定され、結果を検証して緻密に、しかも自動的にＰＤＣＡを回すことが可能になっています。

ところが、こうしたＰＤＣＡの中に、ブランディングの視点が含まれていない、という例がよく見られます。なぜかといえば、これまでお話ししてきたとおり、「ブランディングは数値化できない」という思い込みがここでもボトルネックになっているためです。

前述のとおり、ブランディングを数値化して目標管理に落とし込むことは非常に重要、かつ決して不可能ではありません。しかし逆にいえば、それが難しいのも事実です。ＤＸ推進の流れは、この「ブランディングを数値化して目標管理に落とし込む難しさ」を緩和させ、これまでは困難だったブランディングと事業戦略の統合を一気に加速する絶好の機会なのです。

たしかにブランドは「定性的なテーマ、世界観であり、大切なものではあるが、数字として効果が検証できないから、業務の目標設定としては使えない」という扱いでした。これまでブランドは一般に、アンケート調査を主体に「認知」「好意」「想起」「イメージ」の4つの面から効果測定が行われてきました。

・どれだけの人や企業に知ってもらえたかという「認知」
・その認知によってどれだけの人や企業が好感を持ってくれたかという「好意」
・好意が蓄積した結果として「〇〇といえば△△」という連想が呼び覚まされる「想起」
・最終的に、人や企業がそのブランドに対して抱くようになった「イメージ」

日々、どんどん自動的にデータが蓄積していくマーケティング施策と違い、ブランディングのアンケート調査は、当社で最も細かくアンケートを取っていた会社でも、月1回のペースでした。それでも、アンケート設計から実施、分析、レポーティング、クライアントの情報共有までをこなすとなると、専任者を最低1人は置かなければならない膨大な作業量が発生します。つまり、きわめて非効率なのです。

だからこそ多くの会社では、ブランド調査は実施するとしても年に1回というのが通例となっています。現場では日次、月次でデータを取ってどんどんPDCAを回しているのに、ブランドの認知度の振り返りは年に1回となると、なかなか普段の業務に取り込むことが難しくなってしまいます。

本来は、きわめて構造的で戦略的で実践的なものであるブランドが、マーケティングツールの中に組み込まれないことで、「マーケティングとブランディングって相性が悪いよね」と思われているのです。

マーケティングとブランディングの違いについては、さまざまな考え方がありますが、私自身は「時間観の違い」だと考えています。短期から中期の業績を追うのがマーケティング、中長期での競争力を高め、利益を確保し企業のサステナビリティを高める取り組みをするのがブランディングです。あるいは、ブランディングは「土壌の形成」であり、マーケティングは「収穫」と捉えるとわかりやすいかもしれません。

これはどちらか一方に取り組めばいいという話ではなく、企業経営にとっては言うまでもなく両輪となるものです。マーケティング施策で日々の売上を立てながら、ブランディングでファンを増やし、未来の顧客を開拓していって初めて、サステナブルな経営が可能になります。

DX化はブランドを実務に落とし込む絶好の機会

繰り返しになりますが、じつは、マーケティング施策のPDCAを細かく回せるようになり、BtoB企業がDX化を進めている今が、ふわふわしたお題目にすぎなかったブランドを実務に落とし込むチャンスでもあります。

ブランドが数値化できないというのは思い込みにすぎません。顧客情報や購買データなど、あらゆるデータはすでに収集されています。その中のデータのどれが、先ほど挙げたブランドを構成する4つの要素「認知」「好意」「想起」「イメージ」に置き換え得るかを考えていけばいいのです。

当社のクライアントの一つに、中小企業向けのCRMクラウドサービスを提供している企業があります。

マーケティングのPDCAをしっかり回しているにもかかわらず、この3年でPV数は右肩下がりとなり、CPAが上昇し続けている。何か打ち手はないかと相談にみえたのです。

たとえば、ＰＶ数が下がっているということは、認知度がダイレクトに表れる潜在顧客数が低下していることを示している可能性が高いといえます。しかし、ＰＶ数は閲覧数ですから１人のユーザーが複数のページを複数回閲覧することもあるため、本当に潜在顧客数が下がっているかどうかを知るには、ＰＶ数ではなく、ユーザー数を表すユニークユーザー数を追わなければなりません。ユニークユーザー数が下がっているのであれば、それは潜在顧客数が下がっていることを示しており、その前提となる認知度（および興味・関心）が下がっている可能性も高い、と捉えるというわけです。

あるいは、こうした業種で「想起」を獲得できているかどうかは「ＣＲＭ＋クラウド＋企業名」などの特定キーワードの組み合わせのオーガニック検索数やそこからの流入数に置き換えて捉えることができます。ソーシャルリスニングなどの手法で、自社の企業名やサービス名が、「ＣＲＭ」「オススメ」などのポジティブワードとともに、どの程度世の中に露出しているかを「想起」と置き換えるのもよいでしょう。これらをＫＰＩとしてウォッチしていれば、自社の「認知」や「想起」といったブランディングの指標として機能させられるはずです。

そこで実際にユニークユーザー数やオーガニック検索数が下がっていると判明し、それらを増やすための打ち手は何かという議論が早期になされ、施策として落とし込めていれば、同社でもPV数とCPAが数年単位で下がり続ける、という事態に陥らずに済んだ可能性があります。ブランド戦略と事業戦略の接続は、デジタル化が進んでいたり、さまざまなデータやファクトをたくさん持っていたりする企業ほど、じつは実践しやすいことなのです。

しかし、当該企業では、ユニークユーザーを増やすためのSEO対策なり、広告宣伝なりといった将来的な市場を耕すブランディング施策には注力しておらず、リスティング広告を中心に獲得した見込み客に商品案内のメルマガを送るなどの刈り取り型のマーケティング施策を続けていたため、新規の顧客がまったく育っていないという状況に陥っていました。

現実には、シンプルにブランディングの指標を設定したり、それをトレースするのが技術的に難しかったりする場合もありますが、ブランドを日々の業務に落とし込むためには、新たにデータを取らなくても、すでにある膨大なデータの中から、どの指標に置き換えればいいのかを考えていけばいい、というのは疑いようのない事実です。

ＤＸ化を機に、マーケティングやセールスとブランディングを統合していくことで、企業の持続可能性を間違いなく高めることができます。

ＤＸに詳しくなることが決裁者の仕事ではない

ブランディングをＤＸ化の中に組み込む際のキーパーソンは、決裁権を持つ部長クラスです。デジタルに無関心な方もいますが、最近はむしろＤＸに向き合おうとして、大量に本を買い込んだり、セミナーに通ったりするなど、勉強熱心な方が目立つようになってきました。

その心意気は大切ですが、一方で、この分野を一から勉強するとなると、膨大な時間を要します。また、なかなか理解し切れるものでもありません。私自身、日々登場する新しい知識や技術をキャッチアップするので精いっぱいです。

サステナビリティ・ブランディングに必要なデータを取るのに、細かな知識や技術領域まで知る必要はありません。印刷の仕組みを知らなくても、予算とスケジュールさえ組めれば、印刷を依頼できるのと同じです。

決裁者の役割は、ＤＸに詳しくなることではありません。できることとできないことをしっかりと知っておくだけで十分です。

そして、何よりも大切なのが、社内にどんなデータがあるのかを知ること、そしてどんな数字が取れれば自分たちのビジネスが成長していけるのかを考えることです。ひと言でいえば「どんなデータが欲しい」かを決めて、社内の専門の担当者やシステム会社などに投げればいいのです。仮にぴったりのデータが取れないというフィードバックがあれば、代替案を出してもらい、一緒に検討すればいいだけです。

そのような心構えで、ぜひブランドの効果測定および指標化に取り組んでいただければと思います。

6章

サステナビリティ・ブランディングを経営戦略に接続する

サステナビリティ・ブランディングを経営戦略に落とし込む4ステップ

この章では、これまでお話ししてきたサステナビリティ・ブランディングのさまざまな取り組みを総括しながら、経営戦略に落とし込んでいくための手法を次の4ステップで解説していきます。

STEP① パーパスを定める
STEP② ブランドコンセプトを固める
STEP③ ブランドコンセプトを指標化し、インナーブランディングに接続する
STEP④ ブランドコンセプトをアウターブランディングに接続する

ここまで、サステナビリティ・ブランディングについて、ソーシャルグッドな取り組みを発信することで、あらゆるステークホルダーに共感を得てファンを生み出す手法だとお話ししてきました。

一方で、ソーシャルグッドの範囲は広く、個別に実行・発信しているだけでは、得られ

る効果は限定的です。やはり、各ソーシャルグッドな取り組みをつなげて、一つのストーリーとして発信したほうが与えるインパクトは増します。さらに、事業戦略や経営戦略と接続して初めて、「顧客に選ばれ続け、持続的に成長可能な存在になるためのブランディング」が可能になります。

ただし、こうしたいわば積み上げ的な方法で取り組み軸を確立していく場合、事業部間の対立や既存のパーパスなどと齟齬が生じる可能性があります。ソーシャルグッドに正解はないため、多様な事業を展開している規模の大きな企業ほど、さまざまな調整が必要となり、多大な時間と労力を要します。

そう考えると、取り組み軸をパーパス基点で定め、その軸に沿ってソーシャルグッドを実行していくのも現実的な手段といえます。

ブランドにとってパーパスの存在は、2つの大きなメリットがあります。

一つは、今お話ししたとおり、パーパスに基づいたブランド設計が可能になることです。ブランドをパーパスと接続することで、ターゲットとなる顧客や事業領域が無限に広がり、本来の強みや魅力が曖昧になりがちなブランドに、パーパスが歯止めをかけてくれます。

もう一つは、パーパスに対する共感を武器として使うことで、ブランディングをより効果的に進められるようになることです。ソーシャルグッドな要素が含まれているパーパスへの共感は、顧客に対してだけでなく、社員のモチベーションやエンゲージメントの向上にもつながります。

パーパス自体が定まっていなかったり、定まっていたとしても有名無実化したりしている場合は、サステナビリティ・ブランディングへの取り組みを契機に、パーパスの見直しを行うことを推奨します。

ただし、自社の社会的存在意義を高らかに宣言するパーパスは、いったん策定してしまえば、あらゆる企業活動を、パーパスを軸に展開していく必要が出てきます。経営者にも相応な覚悟が求められます。

とはいうものの、ソーシャルグッドな視点を内包しているパーパスが、サステナビリティ・ブランディングを加速させる大きな武器になることは間違いありません。パーパスオリエンテッドなブランディングと企業経営を実現し、顧客や社員の共感を呼ぶ「自社ならではのソーシャルグッドな価値創造ストーリー」を描いていくことができれば、これほど強みになることはありません。

よって、ここではサステナビリティ・ブランディングを経営戦略に落とし込む初めのステップとして、パーパスを定めるところから解説していきますが、既存のパーパスを軸とする場合には、ＳＴＥＰ②から読み進めても構いません。

▼ＳＴＥＰ① パーパスを定める

魅力的なパーパスに不可欠な要素

これまで紹介してきたＮＩＫＥやソニーのように、その会社らしさがあふれたパーパスがある一方で、「私たちは環境に配慮し、自社製品を通して豊かな社会を実現します」「私たちは、提供するサービスを通じて、持続可能な社会の実現に貢献します」といった、どこの会社でも言えそうな通りいっぺんの文言しか織り込まれていないパーパスも頻繁に目にします。

一般に、パーパスには経済価値だけでなく、社会&環境価値を織り込まなければならないといわれています。さらに、その社会価値によって、どんな社会課題を解決するのか明確にすべきだとされています。

ところが、大企業ほどさまざまなブランドや商品・サービスを展開しており、それに伴って、関連する社会課題も多岐にわたるため、社会課題を一つに絞り込むことが難しくなります。その結果、「豊かな社会を実現します」といった、ふんわりとしたパーパスになってしまうのです。こうした理由から、大企業のパーパスは似通ってしまう傾向があります。また、パーパスが曖昧になってしまう原因として、「従業員価値」と「自社らしさ」が欠けていることも指摘したいと思います。

2章で紹介した、サステナビリティ・ブランディングを構成する3つの要素を覚えているでしょうか。

・経済価値
・社会&環境価値
・従業員価値

パーパスには、この3つが含まれていることが不可欠です。

先ほど、経済価値と社会&環境価値を織り込んでパーパスを策定する企業が多いとお話ししましたが、この2つだけではパーパスは魅力的なものになりません。「豊かな社会を実現する」と言われても、社員が「そうだな」と腹落ちして、自分の業務の中でパーパスを実践していこうとは思えないからです。従業員価値についての言及があって、初めてパーパスを自分事として捉えられるようになります。

また、「自社らしさ」についてですが、「豊かな社会を実現する」では、曖昧すぎてどの企業にも当てはまってしまいます。パーパスに「この会社だからこその社会的存在意義」を示すことができなければ、社員はもちろん顧客をワクワクさせることはできません。

以上のように、共感を呼ぶ魅力的なパーパスを策定するには、サステナビリティ・ブランディングの3つの価値と、自社らしさが統合されていることが不可欠なのです。

パーパス策定の流れ

パーパス策定にはさまざまな方法がありますが、当社では次のような流れで進めています。

①パーパスに含めるべき要素を洗い出す

パーパスに含めるべき「自社らしさ」と「社会&環境価値」の要素を、図表6-1のように「自社（経営層）」「顧客」「社員」「社会」という4つの視点を立て、それぞれインタビューやアンケート、ワークショップ、STEP分析などを通じて洗い出していきます。

②自社らしさ×社会&環境価値を整理・統合する

①で洗い出した要素をもとに、自社らしく、社会に価値を提供できるもの（＝社会的存在意義）は何か、整理・統合していくフェーズです。経営層が社員からのフィードバックを受け、ワークショップを通じて内容を詰めていきます。

③自社らしさ×社会&環境価値を言語化する

②で見出した「自社らしさ（手段や考え方）」と「社会&環境価値（対象とその状態）」を、シンプルな一文にまとめ、言語化していきます。

よくあるのが、「社会&環境価値」だけが示され、「自社らしさ」が欠落しているパーパスです。

図表 6-1　パーパスに含めるべき要素を洗い出す

「自社」「顧客」「社員」「社会」の4つの視点で探索・発散を行う

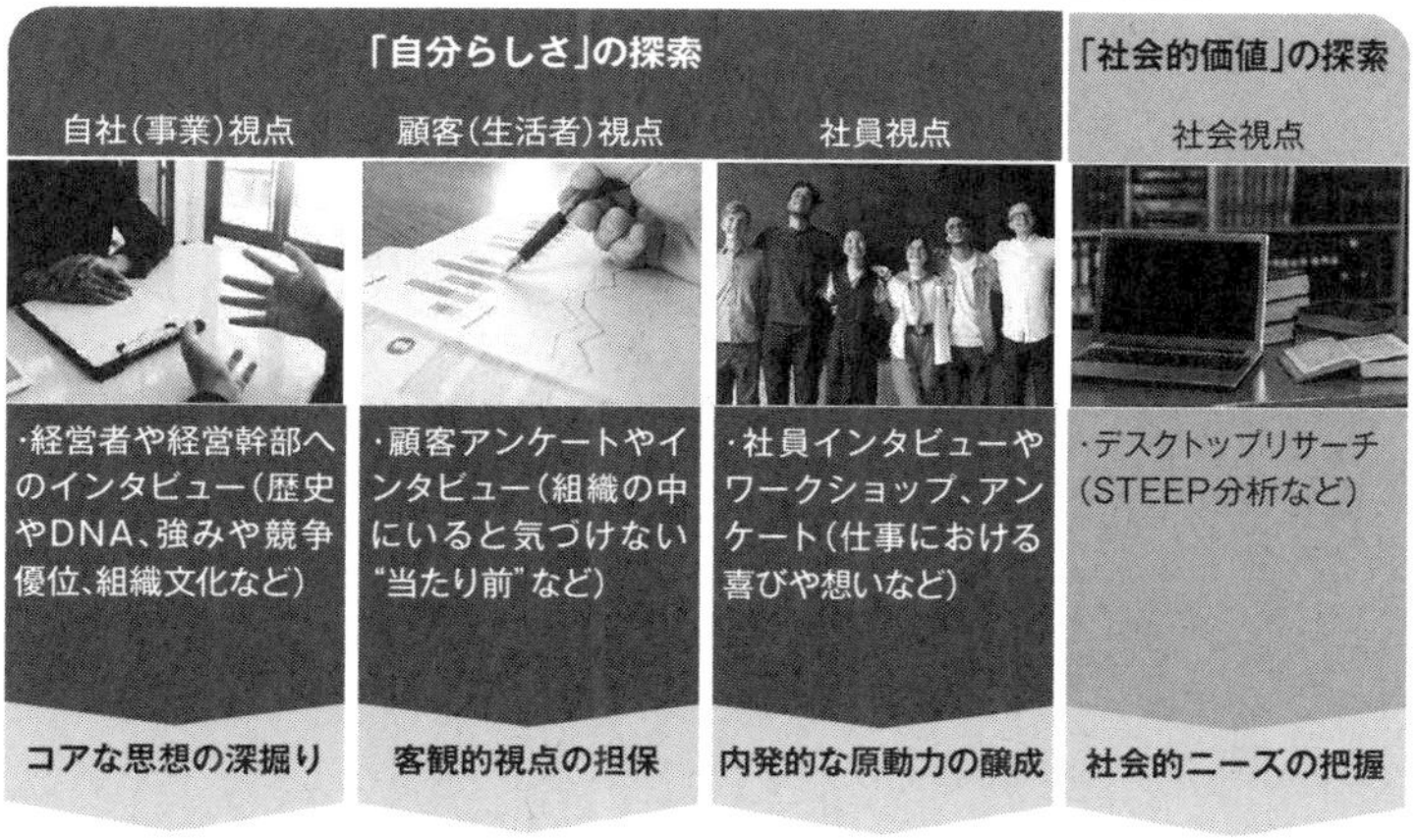

ソニーのパーパス「クリエイティビティとテクノロジーの力で、世界を感動で満たす。」が優れたパーパスのお手本として紹介されるのは、多くの同業他社が自分たちの提供できる社会&環境価値を「社会を豊かに」と凡庸に定義してしまうところを、ソニーは「世界を感動で満たす」と商品やサービスが生み出す価値に注目して定義したことです。

ただ、これだけではエンターテインメント企業と似たり寄ったりのパーパスになってしまいます。多くの企業がここで思考を止めてしまうことが多いのです。

ソニーは、自分たちが提供できる社会&環境価値に、自社らしさを表す「クリエイティビティとテクノロジーの力で」をプラスし、ソニー独自のパーパスへと進化させました。クリエイティビティをテクノロジーより先に持ってきたところに、ウォークマンやプレイステーション、映画などを通じて世界を驚かせてきたというソニーのＤＮＡや矜持が見て取れます。

パーパス策定の成否を左右する「社員視点」

こうしたパーパス策定の過程の中で、最も重視すべきは「①パーパスに含めるべき要素を洗い出す」の「社員」（より正確にいえば、「社員」のみならず「経営層」も含めた、内部ステークホルダー）の視点です。

パーパスが社員の内発的な原動力になるものでなければ、パーパスに紐づくあらゆる企業活動の実効性が高まっていきません。当然、サステナビリティ・ブランディングも個々の社員の意思がなければ、これまでもお話ししたとおり、〝笛吹けど〟で終わってしまいます。

パーパスが社員を奮い立たせるようなものにならないのは、社員視点の掘り下げ不足も原因の一つです。できればアンケートなどで意見を聞くだけでなく、ワークショップを行っ

図表 6-2　自社らしさ×社会＆環境価値を整理・統合する

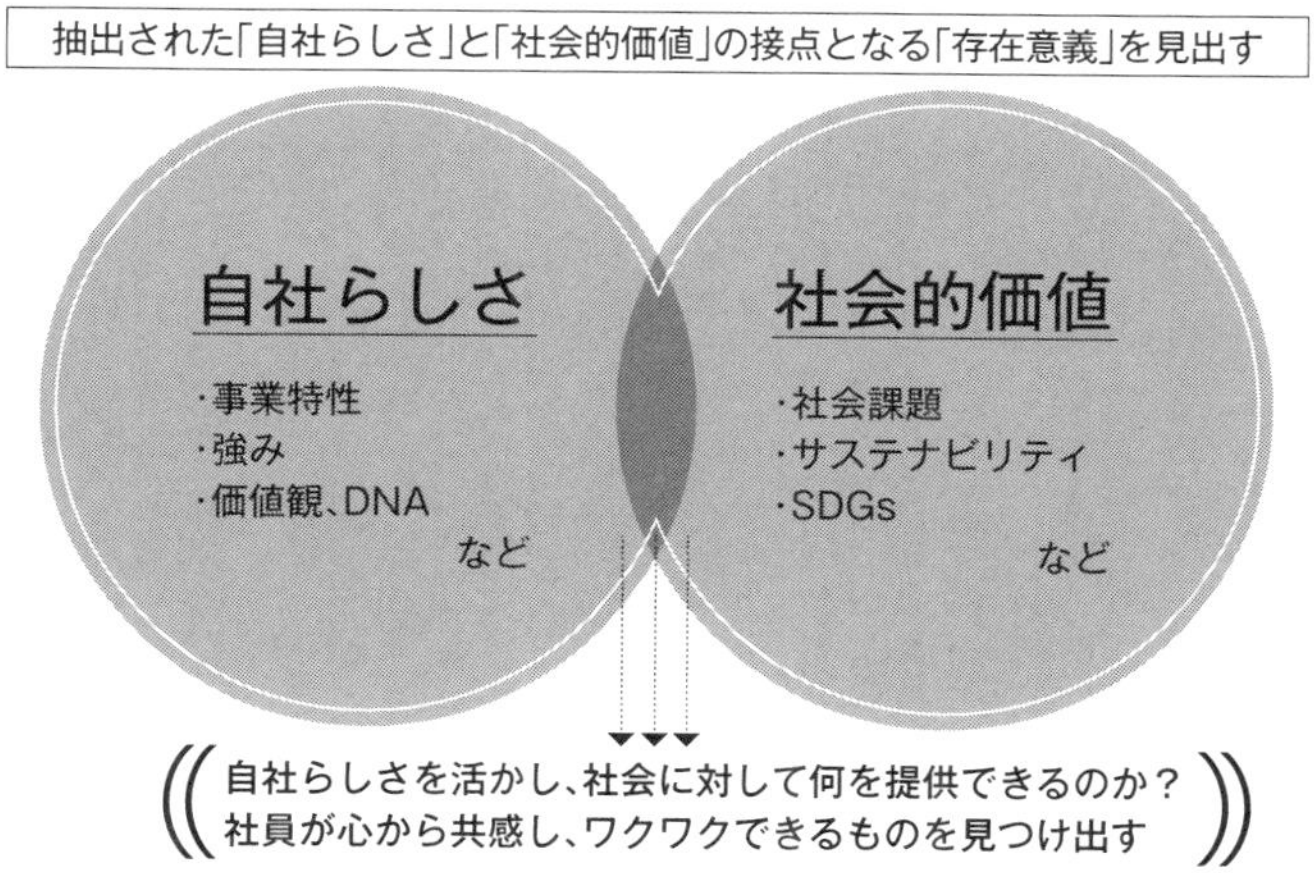
抽出された「自社らしさ」と「社会的価値」の接点となる「存在意義」を見出す
自社らしさ
・事業特性
・強み
・価値観、DNA
など
社会的価値
・社会課題
・サステナビリティ
・SDGs
など
自社らしさを活かし、社会に対して何を提供できるのか？
社員が心から共感し、ワクワクできるものを見つけ出す

図表 6-3　自社らしさ×社会＆環境価値を言語化する

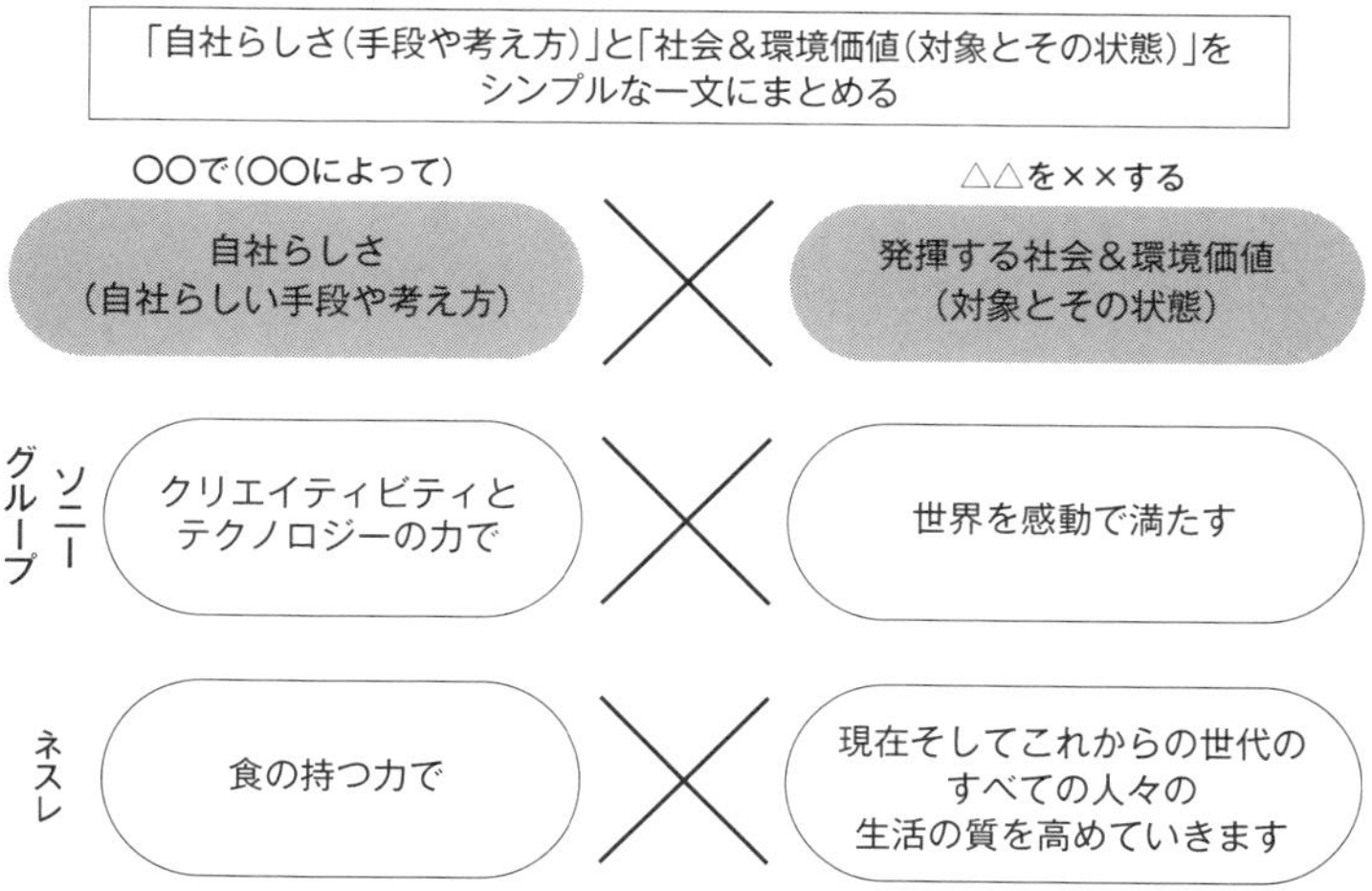
「自社らしさ（手段や考え方）」と「社会＆環境価値（対象とその状態）」を
シンプルな一文にまとめる
〇〇で（〇〇によって）
△△を××する
自社らしさ
（自社らしい手段や考え方）
発揮する社会＆環境価値
（対象とその状態）
ソニーグループ
クリエイティビティと
テクノロジーの力で
世界を感動で満たす
ネスレ
食の持つ力で
現在そしてこれからの世代の
すべての人々の
生活の質を高めていきます

私たちは、〇〇で（〇〇によって）、△△を××する（ために存在する）という構造

て「会社や自分にとって最高の結果を残した仕事にはどのようなものがあるのか？」「困難を乗り越え、成果が出せた理由は何だったのか？」といった問いかけを通じて、社員の思いを引き出していくことが大切です。

結局のところ、自社らしさは社員が日々の業務を通じて提供してきた価値や、仕事への思いの中にしか存在しません。

こうした過去や現在の深掘りに加え、自社を取り巻く環境変化や解決すべき社会課題を踏まえたうえで、「会社として何を実現していきたいか？」「自分はこの会社で何を成し遂げたいか」といった未来の視点を掘り下げていくことも必要です。

社員の思いの引き出し方

掘り下げ方の実例を一つ紹介しましょう（多少、脚色してお話しします）。

1章の不動産仲介会社のエピソードを覚えているでしょうか。会社の強みである実直さが社会にどんな価値を提供しているかを尋ねると、「ＳＤＧｓの『住み続けられるまちづくりを』ですかね」という答えが返ってきたというエピソードです。

じつはこの企業では、パーパス策定からお手伝いしていたのですが、そもそも不動産仲介業というのは、基本的には他社と同じ物件を扱います。ビジネスモデルの差別化も難しく、社員の仕事へのやりがいも、「営業成績を上げて給料を上げる」「お客様に寄り添って要望を叶える」といったものになりがちです。

だからこそ、社員視点を知るのに、表面的な答えで終わってしまうアンケートは不向きです。過去の自分の仕事を振り返りながら、「なぜうまくいったのか？」「なぜ乗り越えられたのか？」「なぜそういう行動を取ったのか？」を徹底的にワークショップで掘り下げていく必要があるのです。

ご存じの方も多いと思いますが、これは〝抽象の梯子〟という思考法です。レンガ職人に「何をしているんですか？」と尋ねれば、「レンガを積んでいます」と返ってくるのが普通です。しかし、「なぜ積んでいるんですか？」と聞けば「教会を作るため」、「なぜ教会を作るんですか？」と聞けば「人々に憩いや安らぎの場を提供するため」と、〝なぜ〟を積み重ねることで次第に抽象化され、物事をより本質的に捉えることができるようになります。

この抽象の梯子を実際にワークショップで実践したところ、何度か〝なぜ〟を重ねるうちに、自分たちの強み＝自社らしさとして「実直さ」という答えが返ってきました。

とはいえ、実直さや誠実さは、どの仲介会社でもアピールポイントにしているものです。そこでさらに「なぜ実直さが自社らしさだと思うのか？」「みなさんが思う誠実さとはどんなものなのか？」と掘り下げていったところ、実直さや誠実さの中身が徐々に見えてきました。

不動産の情報は、レインズというネットワークシステムに登録されており、基本的に業者しか閲覧できません。だから、商談のスタート時点でお客様との間に大きな情報格差があるため、営業側が商談の主導権を握りやすくなっています。たとえば、「この立地でこの金額はお買い得です」とあおっても、お客様は真偽を確かめることができません。そのため、釣りやすく、すぐ契約できそうなお客様を優先し、慎重で時間のかかりそうなお客様はそこそこの対応で済ますというのが、残念ながら、この業界で取られがちな営業スタイルといってもいいでしょう。

ところが、この不動産仲介会社は予算と希望条件に開きがあっても、おざなりにするようなことはなく、希望の優先順位を聞き出し、お客様の希望にできるだけ寄り添おうとしていました。それが会社としての方針であり、言葉だけでなく、本当に実直にお客様と向き合っていたのです。

自社らしさを社会&環境価値と結びつける

そこで次に、その自社らしい実直さが、どんな社会&環境価値に結びついているかを掘り下げていくことにしました。ただし、ここで「その強みを活かして、どういう社会&環境価値を提供できますか?」「どんな社会課題を解決できますか?」とダイレクトに尋ねてしまうと、前述したように「SDGsの目標の中の○○」といった答えが返ってくることになります。

そのため、やはりここでも〝なぜ〟を突き詰めていきます。

私　「なぜ、お客様一人ひとりに寄り添おうと思うのですか?」
相手「希望を叶えて差し上げたいじゃないですか」
私　「希望を叶えてあげることで、お客様の人生はどう変わると思いますか?」
相手「不動産って、価格も条件もなかなか自分の思いどおりにならないから、塩漬けにしている人が多いと思うんですよ」

私「たしかに売買には手間がかかるし、不動産会社や営業担当者に一任するほどの信頼関係を結ぶのは簡単ではないですよね」

相手「そうなんです。だから、不動産の売買をあきらめている人に、もっと活用の選択肢を増やしてあげたいんですよ」

私「そうですね。無意識にあきらめている人、『どうせ自分の思いどおりにはいかない』と思ってしまっている人は実際に多いと思います」

相手「はい。でもそれって、もったいないというか、むしろ理不尽ですよね？　理由があって一度不動産を買った人が、限られた情報に限られた選択肢しかないせいで、その不動産が足かせのようになってしまう。人生の選択肢が限定されてしまうなんて……」

私「それ、まさに社会&環境価値じゃないですか。みなさんが実直であり続けることで、不動産の活用をあきらめている人たちに選択肢を増やし、もっと自由なライフスタイルを実現する手助けをしていることになるのでは？」

相手「言われてみると、そうかもしれないですね」

この企業では、この段階までたどり着くのに、3回ほどワークショップを重ねました。自社らしさは、社員自身が日々感じている〝すでにあるもの〟を自らの言葉で表現していくことでしか生まれません。しかし、ただ聞いただけでは、日々社員が使っている言葉しか出てきません。だからこそ、社員が奮い立つようなパーパスを作るには、「自分も策定に関わっている」という当事者意識を醸成するような巻き込み方と、前述の例のように、日々感じていることや大事にしていることを、抽象の梯子を上って昇華していくようなアプローチがポイントになります。

トップ主導で策定を行うのはいいのですが、トップだけで策定することはおすすめできません。少なくとも、社員が何を感じ、何を大事にし、どうなっていきたいと思っているのかを深く突き詰めるプロセスが必要です。

会社のパーパスと個人のパーパスを接続する

パーパスを社員の内発的な原動力とするためにもう一つ重要なことは、会社としてのパーパスと個人の業務におけるパーパスを接続することです。両者が重なり合うことで、社員のやりがいが増し、パフォーマンスやエンゲージメントの向上につながることが期待できます。

策定したパーパスを社員が自分事化し、日々の業務につなげていくだけでなく、「この会社で働く意味」を考え、社員のエンゲージメントを高めていくことは、コロナ禍をきっかけに社内コミュニケーションが減る中で重要な経営課題となっています。

今から5、6年ほど前になりますが、「クックパッド」では、社員の「料理に対する思い」「解決したい社会課題」を引き出すワークショップを実施し、「食と料理にまつわる社会課題マップ」を作成しています。

同社はもともと「毎日の料理を楽しみにする」をミッション（≒パーパス）に掲げており、「なぜならクックパッドは、料理が、人々、コミュニティ、地球にとって、幸せと健康な営みをもたらす要だと信じているからです」と説明しています。

一方で、範囲が広すぎて、社員にとっては具体的なアクションにつなげにくかったところ、社員視点の「社会課題マップ」の作成を通じて、自分たちがどこにアプローチをしていけばよいかが明確になったといいます。そして、この「社会課題マップ」を作成したプロセスに、パーパスの策定と浸透を奏功させる大きなヒントがあります。

多くの企業で、パーパスの策定でも浸透でも、「自分事化」を促すようなワークショップが実施されます。形式はさまざまですが、多くは「パーパスなどの自社の理念を、自身の仕事や業務に落とし込む」というアプローチが取られます。このアプローチ自体は大事なものですし、当社でもそうしたパーパスやブランドの社内浸透支援は多く手がけてきました。しかし、どうしても参加者には「やらされ感」や「優等生的な対応」が多く、本当の意味で「自分事化」でき、パーパスなりブランドなりにコミットする意志が高まることは稀です。

では、クックパッドのアプローチはどのようなものだったか？　それは、「個人のパーパスと会社のパーパスをすり合わせる」やり方です。似ているようで、参加者の反応はまったく異なります。つまり、多くの会社は「当社のパーパスは○○なので、それを自分の業務に紐づけて腹落ちさせなさい」というアプローチなのに対して、クックパッドは「みなさんの『食』に対する興味関心や問題意識は何ですか？　自由に出し合いましょう」という問いかけから始まって、大いに発散し、その内容を整理した結果、「料理スキルの低下」という、自社の事業とぴったり合う問題がさまざまな生活者の社会課題と直接・間接的に紐づいていることに「気づく」という仕立てなのです。

私の拙い説明だけではイメージしにくい方も多いと思いますが、この取り組みの成果物は、今もネット上で「クックパッド　社会課題」で検索すればヒットするので、ぜひ一度、本書の説明を頭の隅に置きながらご覧いただきたいと思います。同社の取り組みは、結果的に、会社のパーパスと個人のパーパスをすり合わせる効果をもたらしたといっていいでしょう。

このすり合わせがきちんとできていれば、会社の方向性や戦略を理解して自発的に行動できるようになります。サステナビリティ・ブランディングを経営戦略に取り込んで推進するにあたって、非常に重要な前提条件となります。

目線を揃えるためのSTEEP分析

パーパス策定のためのワークショップでは、一般的に、マクロトレンド分析・外部環境分析などを行う例が多く、当社でも「社会視点」のSTEEP分析などをよく行います。STEEP分析とは、自社を取り巻く現在から未来の社会課題を抽出し、企業活動に与える影響などを分析していく手法です。通常のワークショップでは、こうした分析が中心か

図表6-4 「社会視点」の考え方 ～STEEP分析

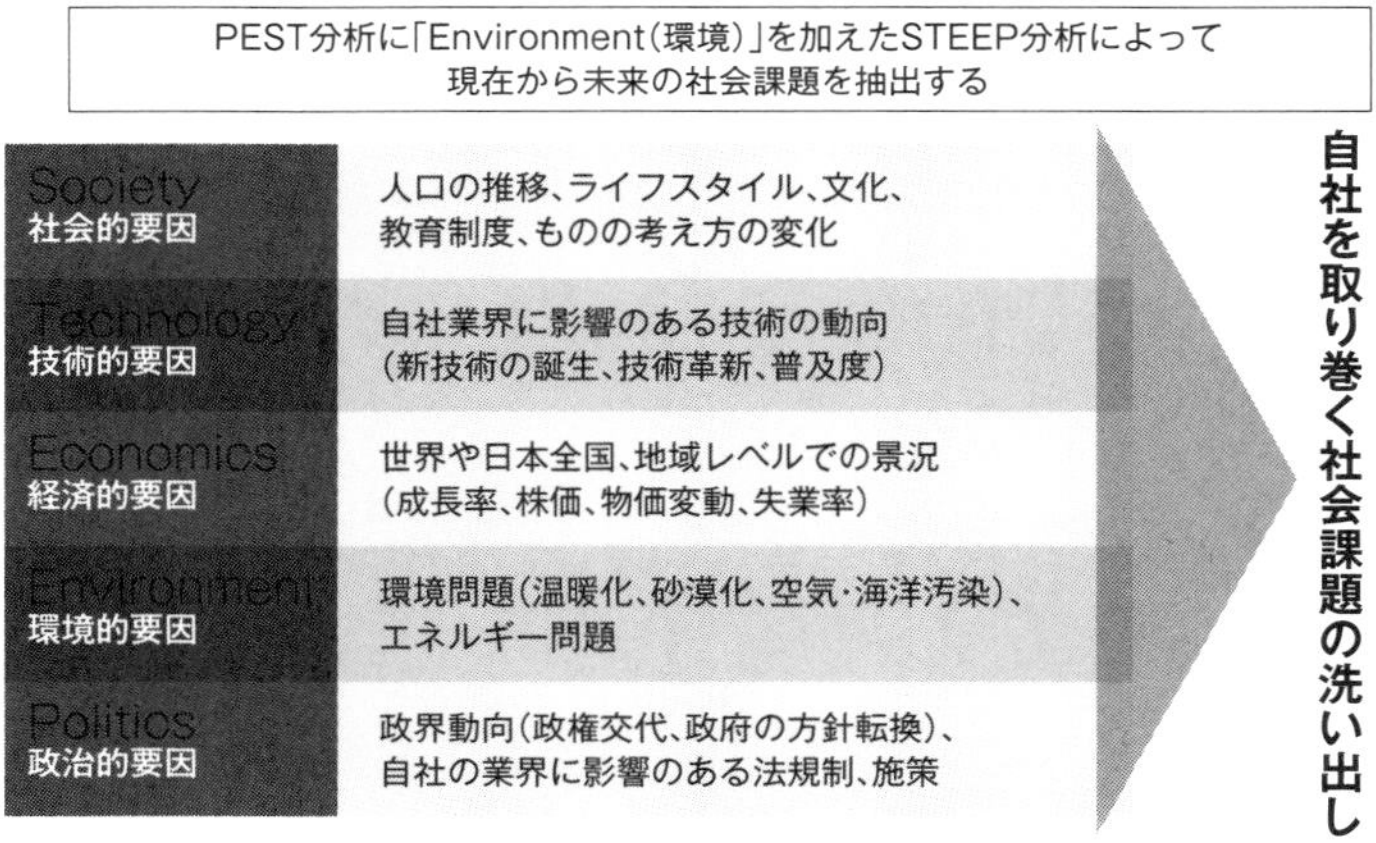

Society 社会的要因	人口の推移、ライフスタイル、文化、教育制度、ものの考え方の変化
Technology 技術的要因	自社業界に影響のある技術の動向（新技術の誕生、技術革新、普及度）
Economics 経済的要因	世界や日本全国、地域レベルでの景況（成長率、株価、物価変動、失業率）
Environment 環境的要因	環境問題（温暖化、砂漠化、空気・海洋汚染）、エネルギー問題
Politics 政治的要因	政界動向（政権交代、政府の方針転換）、自社の業界に影響のある法規制、施策

自社を取り巻く社会課題の洗い出し

「既存のミッション（理念）も社会的価値に言及しているのでは？」という企業も、
それが現在から未来の社会課題とマッチしているか確認が必要

もしれませんが、この分析からダイレクトにパーパスの核となるような要素（前述の不動産仲介会社の事例でいえば「自由なライフスタイルの実現」）が出てくることはほとんどありません。

もちろん、こうした分析は必要なことですが、どちらかというと社内で議論する際に「この業界はこう変化していく」「そこにどういうビジネスチャンスやリスクがあるか」といった目線を揃えておくために行うものであって、自社らしさや社会&環境価値の掘り下げにはあまり役に立ちません。

ほとんどの市場は成熟しており、よほど際立った特徴がない限り、競合との差別化は難しいため、結果は同業他社と似通ってしまいがちだからです。

こうした社会視点よりも、社員視点を掘り下げたほうが、自社らしさの発掘には役立ちます。

▼STEP② ブランドコンセプトを固める

事業領域を定義し、ブランディングの目的を決める

パーパスを定めたら、次はブランドコンセプトを固めていきます。当然のことながら、パーパスに沿っていないブランドコンセプトはどんなに魅力的なものでも、ふるいにかけなければなりません。

たとえば、ソニーのように、「クリエイティビティと○○で」とパーパスに掲げた以上は、どんなに収益性の高い事業部であったとしても、クリエイティビティで感動を満たすものでなければなりません。

以上を絶対のルールとしたうえで、最初に取り組むのは、事業領域を定義し、ブランディングの目的を決めることです。コーポレートブランド、事業ブランド、プロダクトブランドと、ひと口にブランドといってもさまざまですが、大枠の考え方は同じです。

また、ブランディングの対象と目的を明確にすることも大切です。意外かもしれませんが、ブランドへの投資に熱心な経営者でも、何を狙いとしたブランディングかを具体的に問うと、即答できる人は多くありません。

もちろん、サステナビリティ・ブランディングの目的は、〝多くのステークホルダーにファンになってもらい、外部環境がどのように変化しても、企業の持続的成長可能性を最大化し、企業価値を高めること〟ですが、かといって「あらゆるステークホルダーに効果のあるブランディングをしたい」と考えてしまうと、目的が曖昧化して、他社との競合で優位に立つことが難しくなってしまいます。ゴールはそうであっても、戦略上、当初のルートは絞り込んでおき、機を見て広げるほうがうまくいきます。

基本的には、BtoBであれば顧客はもちろん社員か採用候補者、BtoCであれば顧客をブランディングの目的とするのが一般的です。「採用の応募者を増やしたい」「ホームページの閲覧者の購入率を高めたい」など、目的がはっきりしていなければ、〝〇人〟〝〇割〟

など数値化してKGIやKPIを設定することができません。それはすなわち目標管理できないということになってしまいます。

ブランドターゲットを絞り込む

ブランディングの目的を決めたら、次はターゲットを絞り込みます。これもブランディングの目的と同じく、利益追求の観点からいえば、できるだけ幅広い顧客をターゲットにしたくなるところです。

しかし、前述のとおり、それでは競合優位性を生み出すことはできません。強いブランドの多くは、148ページでお話ししたとおり、本来のブランドターゲットと、実際の購入者のボリュームゾーンとなるマーケティングターゲットを分けて考えています。

たとえば、「BMW」のブランドターゲットは、世界の上位富裕層だといわれています。しかし、日本でこれだけよく見かけるBMW車のオーナーのボリュームゾーンが、上位富裕層でないことは明らかでしょう。

ですが、キャッチコピーであり、コアバリューでもある「駆けぬける歓び」を、BMW

はブランドターゲットである「上位の富裕層」から感じてもらえるようなものづくり、体験づくりを徹底した結果、ＢＭＷ＝かっこいい、クラス感がある、性能もよく先進的などのイメージにつながり、それに触発された大量のフォロワー層＝マーケティングターゲットが購入するようになっているのです。

ど真ん中に置いているブランドターゲットの価値観に合うものを提供し続けた結果、それに憧れて中古や比較的手に入りやすい価格帯のものを選ぶフォロワー層が後に続く、という構図です。

もし、ＢＭＷがより幅広い顧客に受け入れられるよう、マーケティングターゲットに寄せた車を発売していたら、フォロワー層の憧れを刺激することはできません。だから、勇気を持ってブランドターゲットを絞り込むことが必要なのです。

自社のコアコンピテンシーを見定め、ブランドコンセプトコーンに落とし込む

続いて、自社のコアコンピテンシーに基づくブランドコンセプトを立案します。コアコンピテンシーについては、すでに4章で詳しくお話ししました。自社の最も優れた部分で勝

負してこそ、サステナビリティ・ブランディングが実現します。

ブランドコンセプトを考えていくうえで有力なツールとなるのが、図表6-5の「ブランドコンセプトコーン」です。この図、見覚えがあるのではないでしょうか。そうです、こちらも4章で、ブランドが提供すべき4つの価値「コアバリュー」「ベネフィット」「エビデンス」「リソース」を説明した際に用いた図です。このうちの最上位にある「コアバリュー」が、自社のコアコンピテンシー＝強みという位置づけになります。

ブランドコンセプト策定にあたっては、まず3C分析を現在・未来の視点から行い、ブランドコンセプトの4つのレイヤーを定義するのに必要な情報を洗い出していきます。

3C分析とは、顧客（Customer）、競合（Competitors）、自社（Company）という3つの視点から市場環境を分析する手法のこと。それを現在・未来、両方の視点から行います。こうした分析の結果を受けて、ブランドコンセプトコーンに自社の状況を落とし込み、可視化して考えていくのですが、落とし込み方には2つの道筋があります。

一つはボトムのリソースから上がっていくボトムアップアプローチ、もう一つはベネフィットを徹底的に突き詰めてリソースまで下がり、最後にコアバリューを設定するトップダウンアプローチです（図表6-7）。

図表 6-5　ブランドコンセプトコーンを使った 3C 分析

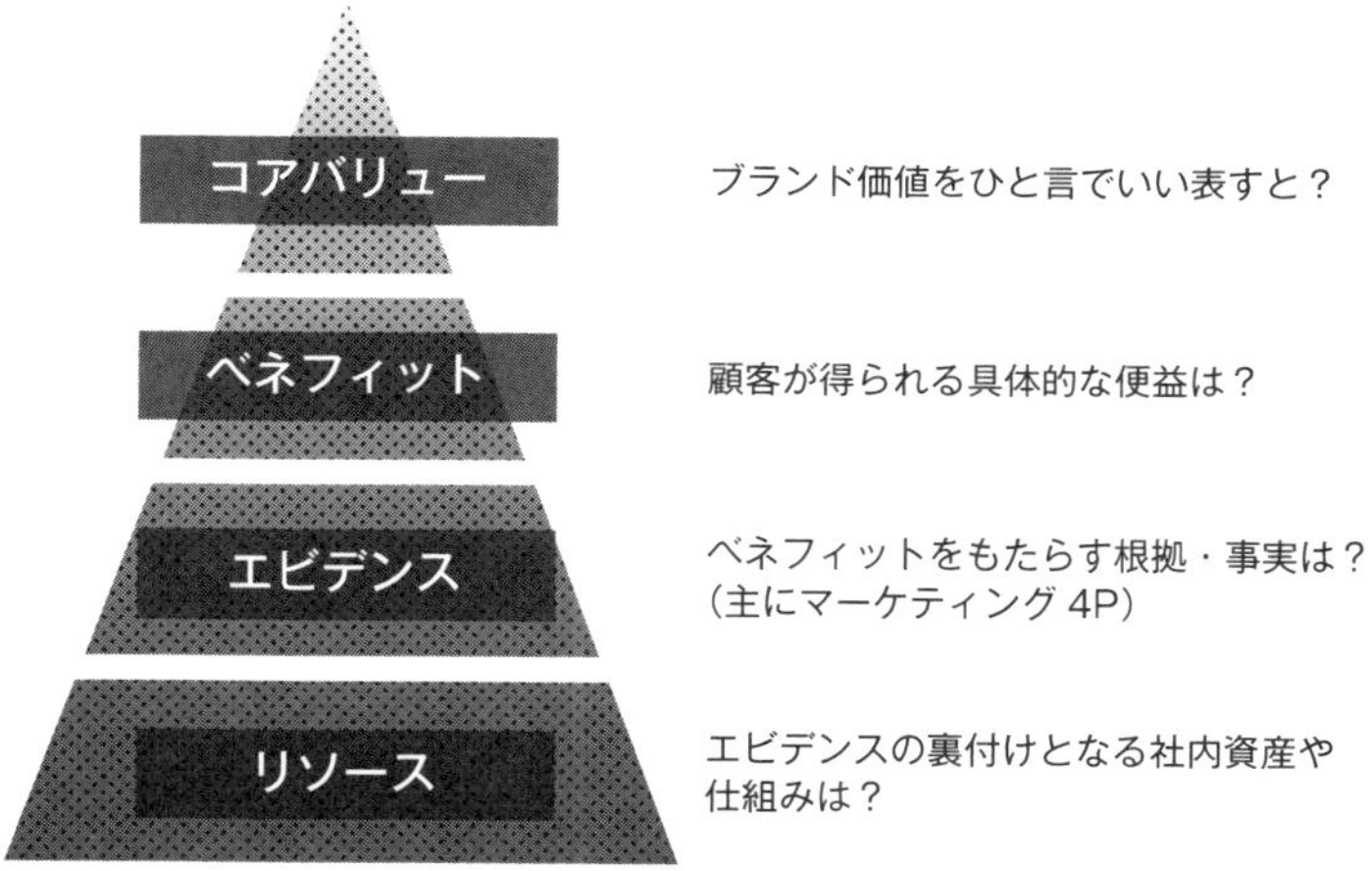
コアバリュー
ブランド価値をひと言でいい表すと？
ベネフィット
顧客が得られる具体的な便益は？
エビデンス
ベネフィットをもたらす根拠・事実は？
(主にマーケティング 4P)
リソース
エビデンスの裏付けとなる社内資産や
仕組みは？

図表 6-6　提供価値＝ブランドコンセプト策定のポイント

「3C」×「現在・未来」の視点から基礎的な情報を整理する

社内外ブランド調査、キーマンインタビューなどから情報を整理

	現在	未来
Customer 顧客	現在のニーズ	将来のニーズ (環境変化)
Competitor 競合	保有資源 強み弱み	今後の対応や 新規参入などの動向
Company 自社	保有資源 強み弱み	中期的な ビジョンや想い

提供すべき価値は？

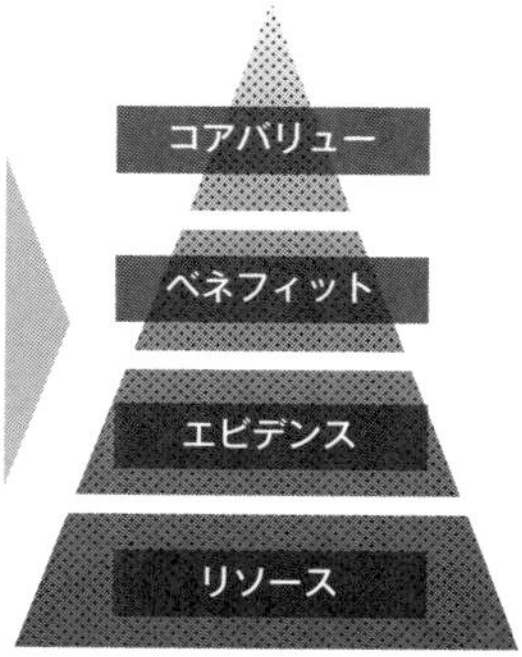
コアバリュー
ベネフィット
エビデンス
リソース

ボトムアップアプローチは、現在の資産や強みを起点に「リソース」からボトムアップ型で考えていくやり方です。

一方のトップダウンアプローチは、市場機会の大きい領域を特定し、その領域において「ブランドターゲットが自社を選ぶ理由は何か?」「それは、ブランドターゲット目線ではどんな価値か?」を突き詰めることを発想の起点として、「ベネフィット」からトップダウン型で考え、最後にリソースからベネフィットを総括して「コアバリュー」を設定するやり方です。

サステナビリティ・ブランディングには、未来視点のトップアプダウンアプローチが有効です。企業の持続可能性を高めることが目的であれば、新たなニーズを価値創造するといった、未来視点が必要になります。やはり今までどおりのリソースやエビデンスで現状を打破し、企業が市場から選ばれ続けることは多くの場合難しいのです。

なかでも、重要になってくるのがベネフィットの設定です。「このターゲットだったら、絶対に他社ではなく、うちの商品を選ぶよね」といった選ばれる理由に足るベネフィットをいかに設定できるか。そして、そのベネフィットを実現するために、中長期の視点でリソースやエビデンスに投資していくことが必要になってくるのです。

図表6-7　ブランドコンセプトに落とし込む2つの方法

◆現在視点～ボトムアップアプローチ

現在の資産や強みを基点に「リソース」⇨「エビデンス」⇨「ベネフィット」と
ボトムアップ型考えていく

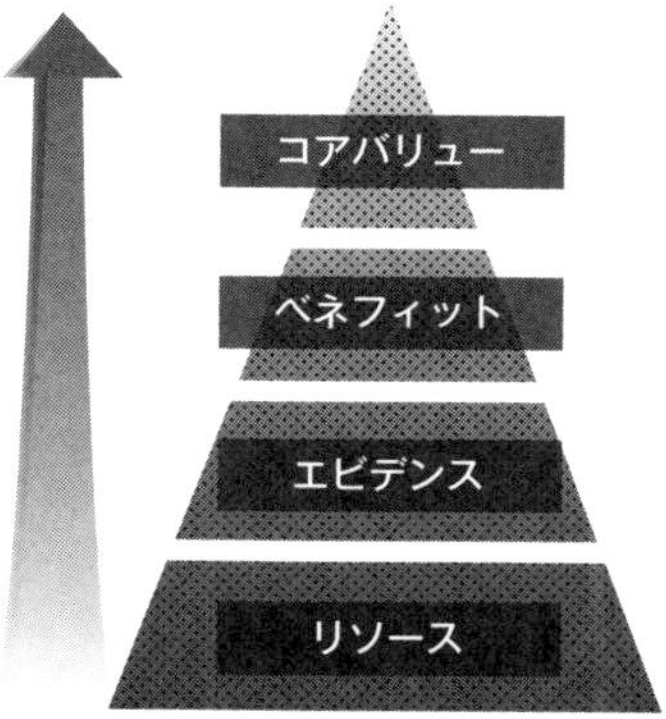

・下記ベネフィットの変化に応じて、自社ブランドが提供する価値を再定義する

・下記エビデンスを通じて、お客様にどんな価値を提供できているか？を捉え直す
・自分たちが十分に把握できていない価値はないか？

・提供価値を伝えるために、すでに自社が展開しているマー ケティング活動・セールス活動を洗い出す
・特にリソースの強みを活かせているものはあるか？

・自社がすでに持っている資産（人的資産、情報資産、物的資産、技術資産など）を洗い出す
・強み（自社に固有なもの、模倣困難なもの）はあるか?

◆未来視点～トップダウンアプローチ

市場機会の大きい領域を特定し、「どんな価値を提供すべきか？」を
発想の基点として自社リソースとつなぎ合わせていく考え方も有効

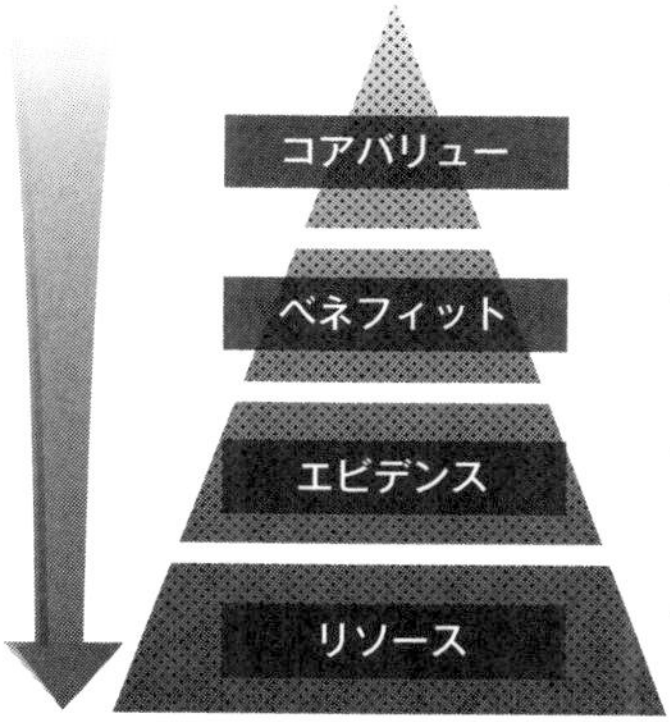

・自社のやミッションやビジョンに基づき、社会や顧客にとってどんな存在でありたいか？を再定義
・もしくはPEST分析やSDGsの観点などを用いて、今後社会や顧客にどんな価値を提供していきたいかを定義

・そのためには、具体的にどんな価値を提供していく必要があるかを洗い出す

・上記ベネフィットを実現するためにはどんな施策（主にマーケティング4P）が必要かを洗い出す

・上記エビデンスの実行を担保するために、すでに活用できるリソースと今後必要になるリソースを洗い出す

ベネフィットがパーパスに紐づいているかを検証する

ベネフィットの設定には、３Ｃ分析の顧客のニーズ調査や消費者調査の結果を活用するのが一般的です。

ただ、調査を行っても、消費者がその商品や企業を選ぶ理由＝ベネフィットは複数存在するのが普通ですし、気をつけなければならないのは、「顧客の声」＝「選ぶ本当の理由：ベネフィット」ではない、という点です。

先ほどの不動産仲介会社であれば、購入を決めたお客様に話を聞けば「不動産にまつわる面倒な手続きをラクに済ませることができた」「営業担当者の人が親切で感じがよかった」「情報提供が適切で、決断しやすかった」「こちらの希望をできる限り叶えてくれた」などの声が多く、これをそのままベネフィットとして設定しようとすると、順に「便利」「親切」「情報提供力（専門性）」「顧客第一」などになるでしょうか。

しかし、「お客様が望むライフスタイルを実現する」というパーパスがあれば、設定するベネフィットは自ずと「顧客第一」のスタンスと「専門性」によって、「自分（ブランドターゲット）が望むライフスタイルを選びやすくなる」ということになります。そうすると、営業は自らをライフプランナーとして自己定義し、どういうライフスタイルを送りたいかをヒアリングしたうえで、そのライフスタイルにつながるような提案をできるスキルが必要になってくるので、そのための人材教育などのリソースに投資する必要が出てくる、というわけです。

このように、さまざまな方向性を持つベネフィットをパーパスに紐づけることで、複数あるうえ、それだけではベネフィットになり得ない「顧客の声」から、適切にベネフィットを設定することができるようになるだけでなく、一貫したストーリーを描くことができるようになります。

逆にいえば、パーパスに紐づかないベネフィット設定になっていないか、検証することが大切になってきます。

新規参入時のコンセプトメイク実例

ベネフィットを見つけるといっても、特に新規参入する場合には、ひと筋縄ではいきません。

大手2社が9割のシェアを占めるベビーカー市場に新規参入した「ピジョン」は、市場の穴を見つけることができず、苦戦していました。そこから新商品「ランフィ」発売を機に、わずか4年でシェアを3・0％から30・3％へと、約10倍に伸ばすことに成功したのです。

まずは、3C分析の一つであるニーズ調査を行い、「軽量でコンパクト、ワンタッチで折り畳め、折り畳んでも自立するベビーカー」というのが、お客様がベビーカーを選ぶ基準だと判明します。

しかし、哺乳びんなどの赤ちゃん向けの小物では圧倒的トップシェアを誇るものの、寡占のベビーカー市場では大きく出遅れていたピジョンは、トップメーカーと同軸線上での開発競争をしてシェアを奪っていくほどの基盤がありませんでした。さらには、当時のベビーカー市場は、前述のベビーカー選びの基準を満たせるトップ2社による、「100グラムの軽量化」「数センチの座面の高さ」「知覚困難なほどの座面素材のクッション性」など、微細な部分の差別化合戦の様相を呈していました（もちろん、この2社の開発力や開発していた内容自体は素晴らしいものなのですが）。

そこでピジョンは、そもそも「軽量でコンパクト、ワンタッチで折り畳め、折り畳んでも自立する」というベビーカー選びの基準自体が、大手2社によって作られたもの、いわばベビーカー市場のゲームルールであり、同じ盤面で戦っても勝ち目はなく、何よりも赤ちゃんやそのパパ・ママにとって価値がない、と考えました。そして、新しい市場を創造してルールを変える＝お客様が買う理由を変える「ゲームチェンジ」に挑もうという結論にたどり着きました。

新たな市場を創造するには、お客様の潜在的なニーズを見つけ出し、形にしていく必要があります。

そのために、まずターゲットの設定を行いました。

ニーズが多様化した現代においては、年齢、性別、居住地、家族構成、職業といった一般的なデモグラフィック属性では消費者ニーズを捉えきれないことが多いため、当社が提供している「価値観」に注目したセグメンテーションを活用しました。これは、日本人を生活や消費に対する価値観で8つのタイプに分類したものです（249ページ）。

この価値観セグメンテーションで購入・使用実態の消費者調査を実施したところ、「ちょっとした段差で前輪が突っかかり危ない思いをしたことがある」「タイヤの小回りが利かない」「旋回するときにフレームがたわんで不安定」という使用感についてのお困り事が上がってきました。

これらは、「どんな基準でベビーカーを選びますか」といったニーズ調査では上がってこない項目です。大手2社によって作られてしまった価値観によって、お客様自身が「（軽量・折り畳める・自立する、を満たせる）ベビーカーは、段差を乗り越えにくかったり、小回りが利かなかったり、旋回時に不安定だったりしても当たり前。仕方ない」「それよりも軽量・折り畳める・自立するほうが大事なんだから仕方ない」と無意識にあきらめてしまっていたのです。

ピジョンのケースではまず、この価値観セグメンテーションで消費者調査を行った結果、「段差でのスムーズな走行」「小回り」「安定感」が潜在的なニーズだと想定し、「走行性」をベネフィットに設定してブランドコンセプトを固めていきました。

次は、ベネフィットを実現するためのエビデンスを設計していきます。

エビデンスは主にマーケティング４Ｐにおける施策です。４Ｐとは、商品（Product）、価格（Price）、流通（Place）、広告・販促（Promotion）のことで、これらの施策を組み合わせて、ベネフィットを実現していきます。

ピジョンの場合だと、当時のベビーカーは４つの脚にそれぞれ２つの小さな車輪がついたダブルタイヤが一般的でしたが、走行性というベネフィットを実現するため、段差をラ

図表 6-8　日本人の生活や消費に対する8つの価値観

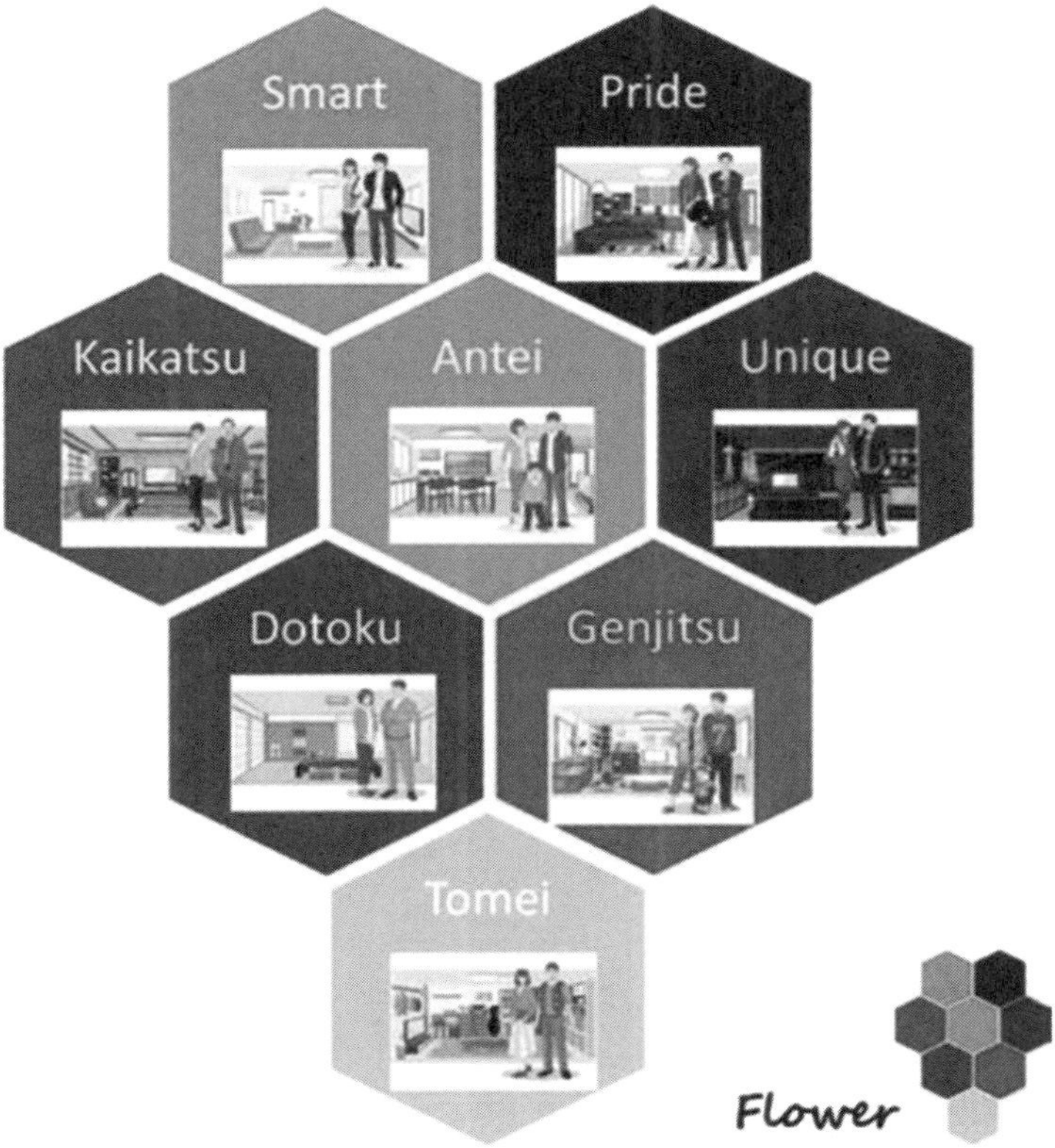

クに乗り越えられる大径シングルタイヤのベビーカーを開発しました。

そして、既存の「軽量でコンパクト」というルールを変えるべく、商品開発ストーリーとして「社会課題の解決」を戦略的にPRしていきました。ここでいう「社会課題」とは、大きなテーマでいえば「女性の社会進出のさらなる加速」や「少子高齢化の抑制」とでもなるのでしょうが、もちろん、それをダイレクトに発信しても、消費者は「?」となります。

そこで、次のようなストーリーを組み立て、特設サイトやCMで啓発していったのです。

・ピジョンは、「この世界をもっと赤ちゃんにやさしい場所にします」をパーパスとして掲げている(当時は、パーパスはありませんでしたが、本質的に同様の意味のWayがありました)

・赤ちゃんにとってやさしいベビーカーとは何か? それは、衝撃や振動などのストレスを感じない快適な「乗り物」

・ベビーカーに乗っている赤ちゃんが感じる最大の衝撃は、地面の凹凸やちょっとした段差でのつまずき

・また、赤ちゃんにとって快適な「乗り物」であるためには、運転手である「ママ・パ

パ」にとってもストレスフリーであることが大事
・ゆえにベビーカーという「乗り物」には、「どこでもスイスイ進める」「スムーズに小回りが利く」という走行性こそが大事
・これで、パパもママも笑顔に、赤ちゃんも笑顔に。そして、「赤ちゃんにやさしい場所に一歩近づく」

こうしたエビデンスの裏付けとなるリソースは、社内資産や仕組みのことです。ピジョンでは、このプロジェクトのメンバーは半分以上が中途入社組でした。当時のトップが意識的に新しい考え方ができる人を採用することで、採用からカルチャーを変えていったのではないかということです。まさに未来視点から不足しているリソースを洗い出し、そこに投資していったといえます。

▼STEP③　ブランドコンセプトを指標化し、インナーブランディングに接続する

ステージを確認する

ブランドコンセプトが固まったら、今度はそれを事業戦略や組織の仕組みの中に落とし込み、社員一人ひとりの業務と接続していきます。

まずは、事業やブランドがどのステージにあるのかを確認します。

・試行ステージ
新規顧客獲得やビジネスモデルを模索し、成功パターンを確立するステージ。

・拡大ステージ
需要が拡大し、顧客基盤拡充、商品サービスの標準化が重要となるステージ。

・多角ステージ
収益性の向上、新市場や派生事業への進出を検討するステージ。

・再構築ステージ
顧客の取捨選択やビジネスモデルの再構築が必要となるステージ。

事業がどのステージにあるかによって、ブランドが目標とするところは違ってくるので、大前提として確認しておきましょう。

KGIを設定する

どのステージにあるのかを確認したら、次はそのステージに合わせた適切なゴール指標＝ＫＧＩ（Key Goal Indicator）を設定します。

設定すべきＫＧＩは、次の２つです。

・定量目標 ↓ 売上目標や目指すべき想起率など。
・定性目標 ↓ ブランドが目指すべきテーマ（目的）を言語化したもの。

定量目標については、試行ステージでは「新規顧客獲得数」「継続率」、拡大ステージでは「認知率」「検討率」「購入率」「想起率」、多角ステージでは「ローヤル顧客率」「クロスセル・アップセル率」「新カテゴリ認知率」、再構築ステージでは「新カテゴリ想起率」「ターゲットシェア」などの指標があります。

定性目標については、ブランドの目指すべきところをシンプルに言語化していくことが大切です。たとえば、新築マンションを販売するデベロッパーが集客を目的としたブランディングを行うのであれば、試行ステージでは、新ブランドを認知してもらうために「これまでと違う」ことの打ち出し、拡大ステージでは、新ブランドの確立を目指して「洗練」「高品質」「グレード感がある」などのブランドとして狙うイメージの浸透が目指すべきテーマとなります。また、多角ステージでは「高くても人気・早期完売する」などの、市場の中でブランド力が高いと消費者全体から認識されること、市場のポジションやプレゼンスの向上、再構築ステージでは「誰もが欲しがる」ブランド、などを目標に、ナンバーワン・ブランドの確立を目指した段階的な定性目標を設定する、といった具合です。

定量目標すなわち指標だけでは、社内でイメージを共有しにくいですし、定性目標すなわち言葉だけでは、目標管理に落とし込めません。この2つはセットで設定するのがポイ

図表6-9　ブランドの効果を数値化する定量指標例

	試行ステージ	拡大ステージ	多角ステージ	再構築ステージ
代表的な定量指標例	・新規顧客獲得数 ・継続率	・認知率 ・検討率 ・購入率 ・想起率	・ローヤル顧客率 ・クロスセル、アップセル率 ・新カテゴリ想起率	・新カテゴリ想起率 ・ターゲットシェア

ントです。

また、実効性のあるＫＧＩを設定するには、次の2つの要素が必須となります。

一つは、ブランド戦略構築の最初の段階で、経営トップが考えているブランドの目標とすり合わせをしておくことです。中期経営計画、事業戦略資料、トップメッセージなどに、経営トップの考えが込められていることが多いので、それらを材料として、「自社がなぜブランディングに投資すべきなのか」「事業戦略をドライブさせるために、ブランドが担う役割は何か」という、ブランディングの目的を具体的に描き、経営トップとともにしっかりと握っておく。ブランド設計の最終段階でひっくり返されることのないよう、入念な準備を心がけましょう。

もう一つは、前述の4つのステージ以外に「業界特性」「ビジネスモデル」の観点も取り入れることです。「業界特性×ビジネスモデル×ステージ」の3つの掛け合わせから、最適な指標を設定していくことが大切です。いくらステージを考慮しても、自社のブランドに求められる役割や成果の視点が抜け落ちていると、継続的にウォッチしていく価値のあるKGIを設定することができません。

先ほどのデベロッパーであれば、業界特性として「競合が多い」「生涯に何度もマンションは買わない」こと、ビジネスモデルとして「土地の仕入値を起点に、物件ごとに間取りや価格、利益率が決まる」「ブランド力がなく、集客に広告宣伝費がかかると収益が減る」という仕組みを踏まえると、ブランディングのKGIは「物件ごとの広告宣伝費率を○%まで引き下げる」に設定するのが最適解の一つである、という答えにたどり着くことができます。そうすることで、「自社がブランディングに投資するのは、物件単位の集客効率を上げて利益率を高めるため」という目的も明確化できますし、そのためにどのようなアクションをすべきかも具体化しやすくなるでしょう。

KGI設定の失敗例

一方、次のような考え方だと、KGIの設定はうまくいきません。

「ブランドといえば、認知や好意、NPS（Net Promoter Score＝顧客ロイヤリティ）だよね。とりあえず、認知率や好意度、NPSをKGIにしよう」
「ブランドは、しょせん広告宣伝活動によるイメージづくり。広告宣伝費の費用対効果や、接触者のイメージ獲得率をKGIにしよう」

←

認知度や広告宣伝費と売上の関係性が測れない（そもそも数値で因果関係を証明しにくい）だけでなく、「ブランディングに投資する理由」が説明しにくい。

「インナーブランディングは社員のエンゲージメントを高めるのに必要。従業員の意識調査や、毎年のES調査の総合満足度をKGIにしよう」

←

社員の不満解消が目的となっている。不満に合わせた施策を打っても、社員は受け身になるだけで、エンゲージメントは高まらない。

当社に「ブランディングがうまくいかない」とご相談にみえるクライアントの多くが、ここまでの「ステージを確認する」「(適切な)ＫＧＩを設定する」のプロセスを省いてしまっています。

イメージだけで安易にＫＧＩを設定してしまうと、なかなか社内で共感を得られず、適切に運用されなくなります。その結果、一貫・継続した事業活動としての落とし込みが難しくなってしまいます。

ブランドの目的を実現していくために、ウォッチするのにふさわしい指標なのかどうかということについて、事前にしっかりと議論を尽くすことが大切です。

ＫＰＩを設定する

ＫＧＩが定まったら、次はＫＰＩの設定です。ＫＧＩで定めた大きな目標実現に向け、特に力を入れるべき注力指標を設定していきます。

ブランドコンセプトの実現による事業性の向上＝ＫＧＩの達成と考えると、コンセプトコーンの要素がそのままＫＰＩとなり得ます。コアバリューとベネフィットは「イメージの獲得率」、エビデンスは「ファクトの認知・認識・利用率」に相当します。

先ほどのデベロッパーを例にとると、次のようにさまざまなＫＰＩ候補が出てきます。

・コアバリューやベネフィットは、「安心」「安らぎ」「資産性が高い」などのイメージ獲得率に相当

・エビデンスは、このデベロッパーが「経年劣化しにくい部材や設備を使った住宅を扱っていること」「資産価値の高まる修繕計画やメンテナンス力を備えていること」の認知率に相当

ただし、これらをすべて目標管理に落とし込んでいくとなると、どの指標を使えばいいのかわからなくなってしまいます。

できれば３～５つ程度に絞り込んで設定すべきです。そのうえで、定期的にＫＧＩとの

図表6-10　新築マンションデベロッパーA社のブランドコンセプト

【ポイント】
・コアバリュー、ベネフィットは直接コントロールできない結果指標
・エビデンスは直接コントロール可能なプロセス指標（アクションに近い）

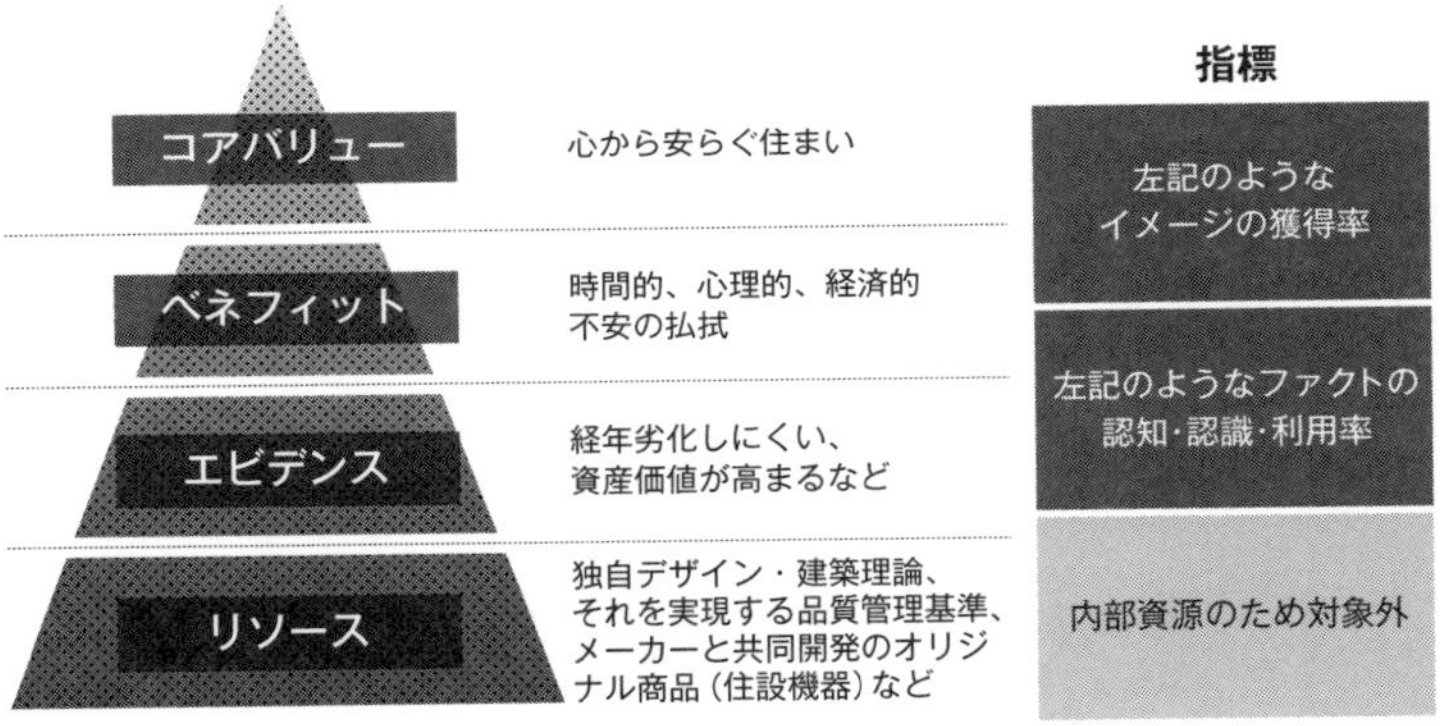

関係性をウォッチして、見直しを図っていきましょう。

このデベロッパーの場合、新築マンションは頻繁に購入するものではないため、現在の認知率が未来の購入に必ずしもつながりません。

それよりも、新築マンション購入者は、本気で検討するのは3件までといわれていることから、購入を検討し始めた段階で、できればトップ3の検討時想起にランクインしていることが望ましいのです。

そのため、「検討時想起率」をＫＰＩに設定します。

また、大手メーカーの子会社で、親会

社の要望に応じてシステム開発などを請け負うＳＩｅｒであれば、親会社を通さずに直接依頼があった件数をＫＰＩとすれば、自社のブランディングが成功しているかどうかを測ることができます。

目標設定の基準を決める

ＫＰＩが決まったら、具体的な目標数値の基準を設定します。設定方法は次の３つです。

・ベンチマーク

特定の競合の数値を数年後に超えることを目標に、数値を段階的に設定します。理解しやすく、モチベーションも維持しやすい一方で、特定の競合を強く意識してそれに勝つことを目指した結果、ありきたりなブランド構築につながる可能性があります。

・オンリーワン

各指標で、トップの値を取る競合の値を目標として設定します。難度は高いものの、独自性の高いブランドを構築できます。ただし、目標とするブランドが複数にわたるため、ベンチマーク法と比べると目指す姿を共有しにくいのがデメリットです。

・ボトムアップ

自社の現状から、毎年一定の数値上昇を目標として設定します。競合や自社リソースにとらわれず、着実なステップアップを目指せますが、ゴールや競合が不明確で、納得感やモチベーションの醸成が難しい面があります。

KGI・KPI運用のための体制を構築する

ＫＰＩを設定するだけでなく、達成を促すための体制を構築していくことが大切です。せっかくブランドコンセプトを指標化し、目標管理に落とし込むことに成功しても、それが適切に運用されなければ意味がありません、

部署・個人それぞれにアクションテーマを設定し、ＫＰＩとアクションの検証を繰り返し実施していくプロセスを構築していきましょう。

こうしたプロセスの定着が、社内におけるブランドへの理解や、共通認識の浸透につながっていくのです。

ただそうした活動を、いつまでにどのレベルで行うかが、きちんと目標設定されていることが大切です。

単に「ブランド強化」といった抽象的な言葉だけでは、社員一人ひとりの行動につながらず、ＫＰＩは機能しません。

一度決めたブランド戦略は少なくとも3年程度は固定させ、一貫した活動を行っていく一方で、アクションはＫＰＩ検証に基づき、必要に応じて素早く修正する必要があります。

速やかに検証サイクルを回していくためにも、ＫＰＩ観測のタイミング、数値の取得方法を決めておくのはもちろんのこと、それらの共有、振り返り、次の課題や目標へとつなげる会議体の設定などについて、早い段階で関係者や関係部署間で合意形成を図っておくことが重要です。

ブランドコンセプトを組織の仕組みに落とし込む

ここまでお話ししてきたことは、ブランドコンセプトを指標化し、業務の仕組みに落とし込むためのものです。

それと同時に行わなければならないのが、ブランドコンセプトを組織の仕組みに落とし込んでいくことです。この両方に取り組んでこそ、インナーブランディングは完成します。

たとえば、次のような取り組みが挙げられます。

・パーパスやブランドコンセプトに沿ったクレドやバリューを策定し、ブランドコンセプトを体現するために、どういう判断・行動基準で動くべきかを経営層や社員に示す。

・クレドやバリューを実践している社員を評価・育成する人事制度改定や、ロールモデルとして讃える表彰制度を設ける。

・クレドやバリューの浸透を図るため、ワークショップなどの社内コミュニケーションの場を設ける。

どんなにクレドやバリューにコミットしても、それが社内で評価されない、といった仕組みになっている場合には、なかなか浸透していきません。

一方、パーパスやブランドコンセプトに沿ったクレドやバリューを策定すれば、そのまま行動評価などの項目に落とし込むことができます。そして、クレドやバリューが隅々まで浸透すればカルチャーとなり、共感する採用応募者も自然と集まるようになるなど、好循環が生まれます。

ところで、クレドやバリューは一般に社員向けと思われがちですが、それを最初に体現しなくてはならないのは、じつは経営者です。

クレドが危機管理で力を発揮した例としてよく語られるのが、「ジョンソン・エンド・ジョンソン」のタイレノール事件です。タイレノールは、アメリカではなじみ深い解熱鎮痛剤ですが、1982年、毒物が混入され、7名の死者を出す事件が起きました。

そのニュースが流れる前に、報道機関からジョンソン・エンド・ジョンソンにリークがあり、経営幹部が対応を協議する中で、当時のCEOが「我々のクレドの第1条を読め。胸を張ってこれを読めない者は会議室から去れ」と言ったといいます。「我が信条」として知られる同社のクレドの第1条は、「我々の第一の責任は、我々の製品およびサービスを使用してくれる患者、医師、看護師、そして母親、父親をはじめとする、すべての顧客に対するものであると確信する」というものです。

報道から1時間後には緊急会見が開かれ、アメリカ全土からすべてのタイレノールを回収すること、そしてタイレノールと同じような効果効能のある解熱鎮痛剤との引換券を無償で配ること、二度と混入できない形状のパッケージを新たに開発することを決定事項として発表しました。

混入経路が不明で、自社の責任かどうかわからない状態で、1億ドルを投じて全商品を回収するという決断は簡単に下せるものではありません。

後日、毒物の混入は外部からのものであることが判明し、ジョンソン・エンド・ジョンソンの迅速な対応に称賛の声が沸き起こり、事件のわずか2カ月後には事件前の売上の80％にまで回復したといわれています。

今の時代でも考えられない迅速な対応でしたが、これを可能にしたのが、クレドの存在と、クレドを忠実に実践した経営者だったのです。

▼STEP④　ブランドコンセプトをアウターブランディングに接続する

パーパスとブランドコンセプトに沿ったアクションを発信し続ける

インナーブランディングでブランドコンセプトを業務と組織の仕組みに落とし込んだら、次はパーパスとブランドコンセプトに沿ったアクションを取り続け、アウターブランディングを行っていきます。

すでに繰り返しお話ししているように、ＮＩＫＥやソニーのような強いパーパスがあると、パーパスへの共感をブランドコンセプトに紐づけることができ、ブランディングが容易になります。

こうしたソーシャルグッドな企業の姿勢を積極的に発信し、顧客と社員に伝えていくことで、企業は顧客と社員に選ばれ続け、持続的成長可能性が高い存在になることができます。

95ページで紹介したパンテーンの「#HairWeGo」のようなキャンペーンもあれば、「ナチュラルローソン」のシャンプーや洗剤の量り売りなどもその一例です。

ナチュラルローソンでは、洗剤は機能性だけでなく、香りで選択も行うある種の嗜好品のため、少量から試したいという消費者のニーズに着目し、完全セルフ方式での量り売りを試験的に導入しました。ナチュラルローソンのオーガニックなイメージと、プラスチックゴミの削減という社会課題、そして消費者のニーズに着目した、ソーシャルグッドな取り組みといえます。

また、こうした大きな取り組みではなくても、地域活性化のために商店街と組んで活動しているといったソーシャルグッドな取り組みを積極的に発信していくようなことも、共感を得てファンを作っていく一つの方法です。そこにパーパスがあれば、すべてそこに紐づいた活動として発信しやすくなり、共感も得やすくなるというわけです。

最も重要なのは経営トップの決断

最後になりましたが、みなさんにお伝えしたいことがあります。

現状、多くの企業におけるサステナビリティに関する取り組みは、品質管理系の部署や旧ＣＳＲ推進室を母体とするサステナビリティ推進室やＥＳＧ推進室に一任されています。業務の中心はＳＤＧｓ絡みであり、なかでもＩＲ向けに脱炭素の取り組みをサステナビリティ・レポートにまとめるといったことが中心に据えられています。

しかし、それで本当にいいのでしょうか。

本書で述べてきたとおり、外部環境が予測不能な変化を見せる中、企業の持続化をもたらす唯一の方法、すなわち市場から選ばれ続けるためには、〝攻め〟のサステナビリティ・ブランディングしか考えられません。

せっかくのＳＤＧｓなどへの取り組みも、〝守り〟の姿勢で済ませてしまうのは非常にもったいない話です。森林保護や地域貢献など社会貢献に取り組む企業は少なくありませんが、残念ながら、それを積極的に発信し、自社の持続化のためのブランディングに活用している企業はごくわずかです。

一部の企業においては、発信に力を入れているところもありますが、なかなか経営戦略に組み込むところまでには至っていません。表面的にブランディングしようとしても、組織や社員に浸透しなければ、長くは続きません。

本来は経営企画系の部門が担当すべき領域です。あるいは経営トップが本気でサステナビリティ推進室の活動にコミットしていくことが、これからの時代、必要不可欠になっているのです。

おわりに

サステナビリティ・ブランディングは「関わるすべての人」で進めていこう

ようやく日本企業もサステナビリティと真剣に向き合い始めたとはいえ、やはり多くは依然として株主・投資家向けのネガティブチェック、スクリーニング対策として行われている側面が否めません。わかりやすくグローバルで指標化されたり、ガイドライン化されたりしているものに対応することを重視しているため、その取り組みはサステナビリティ推進室などの新設部署が推進しているケースが多いのが実状です。

サステナビリティ推進室自体の業務についても、設備投資に偏っている企業もあれば、概念設計や社内浸透に偏っている企業もあり、ケースバイケースです。しかし、本来なら「経営企画」や「社長室」などの中に設置し、明確な権限と責任を持たせてサステナビリティの推進役とするのがあるべき姿です。そのうえで、部門単位でサステナビリティの達成目標設定に落とし込み、全社員を巻き込んでいく進め方が望ましいといえます。

サステナビリティは新しい概念のため、トップダウンだけでは現場が機能せず、ボトムアップだけでは目指すべきゴールが見えず、ミドルアップダウンでもやり切れるだけの推進力が足りません。

一方、ブランディングの推進には、ブランド主幹部署を設置し、全社のブランドマネジメントを統括管理する「中央集権型」、各ラインにブランドマジメントの責任と権限を分散させる「分散管理型」、いずれかの組織体制を取っているのが一般的です。

中央集権型は、一貫した方針を打ち出すことができるというメリットがあります。その半面、各事業部から外れた社長室や経営企画室などの下に設置されることが多く、適切な権限委譲がなされていないのが一般的であるため、事業部がブランド価値を毀損する決定をしてもそれを差し戻せるほどの権限がない、というデメリットがあります。

分散管理型は、ブランドへの貢献が目標管理に組み込まれるというメリットがある半面、現場のパラダイムに押し流されて一貫性を失いがちなのがデメリットです。

どちらも一長一短あるため、各企業のパラダイムに応じて選択していくのが現実的です。

では、両者を合わせた「サステナビリティ・ブランディング」の推進に適した組織体制とは、どのようなものなのでしょうか。私は「自律分散型」であることが理想と考えます。

昨今のWeb3の流れは、企業経営にも確実に影響を及ぼします。短期的には、サステナビリティ推進室がリーダーシップを取る「サステナビリティ」のパラダイムに沿って組み立てて推進していくほうが形になりやすいでしょう。

しかし長期的、より本質的には、「全階層、全部署の、全社員・経営者の一人ひとりが、サステナビリティ・アクションを考え、実行し、それを積極的に発信していく」ことが必要ではないでしょうか。サステナビリティ・アクションと聞くと「新しく何かをやらなければ」と考えがちですが、じつはすでにみなさんが取り組んでいる活動の中に、ソーシャルグッドな活動はたくさんあるはずです。まずは、それを効果的に発信するところから始めてみる、というのも一つの手です。

本書が、サステナビリティ・ブランディングとの向き合い方を考え、社内で声を上げ、呼びかけ、ソーシャルグッドな取り組みに賛同してくれる仲間を増やし、誇りを持ってブランドやブランディングについて話し合うきっかけになれば、こんなにうれしいことはありません。

伊佐陽介

［著者］
伊佐陽介（Yosuke Isa）
株式会社バイウィル代表取締役COO
早稲田大学卒業後、一部上場総合不動産デベロッパーで住宅事業に従事。
その後、（株）リンクアンドモチベーションにて、ブランドマネジメント事業部コンサルティング責任者に就任。
2013年に独立し、ブランドコンサルティング会社（株）フォワードを設立し、2020年に同社代表取締役社長に就任。
2023年には、GX事業を展開する株式会社Waara を吸収合併。（株）バイウィルに社名変更し、代表取締役COOに就任。
「サステナビリティ・ブランディング」を提唱し、数多くの大手企業の経営コンサルティングを手掛ける。

サステナビリティ・ブランディング
——選ばれ続ける企業価値のつくりかた

2023年6月27日　第1刷発行

著　者——伊佐陽介
発行所——ダイヤモンド社
〒150-8409　東京都渋谷区神宮前6-12-17
https://www.diamond.co.jp/
電話／03·5778·7235（編集）　03·5778·7240（販売）
編集協力——飯野実成、伊藤彩子
装丁·本文デザイン——ジュリアーノナカニシ（エクサピーコ）
製作進行——ダイヤモンド・グラフィック社
印刷————信毎書籍印刷（本文）・新藤慶昌堂（カバー）
製本————本間製本
編集担当——中鉢比呂也

ISBN 978-4-478-11643-2